D1691542

WALDHAUS FLIMS

Das Kurhaus nach der Eröffnung (1877).

Sina Semadeni-Bezzola

Waldhaus Flims

Geschichte und Geschichten
eines Kurhotels

Werner Classen Verlag Zürich und Stuttgart

Die Autorin dankt der AG Kurhotels für die Möglichkeit, während ihrer Arbeit an dem Buch Einsicht in die Protokolle zu nehmen.

Für die Zurverfügungstellung der Fotos danken wir:
Archiv der AG Kurhotels; Frau Barblina Giger-Capaul, Flims; Fotohaus Geiger, Flims-Waldhaus; Beringer und Pampaluchi, Zürich; Chr. Meisser, Zürich; Schweiz. PTT-Museum, Bern; Edition Photoglob, Zürich; Felix Auditor, Waldhaus Flims.

© 1976 by Werner Classen Verlag Zürich
Printed in Switzerland
by Druckerei Baumann AG Menziken
ISBN 3 7172 0229 4

Den Freunden von Flims gewidmet

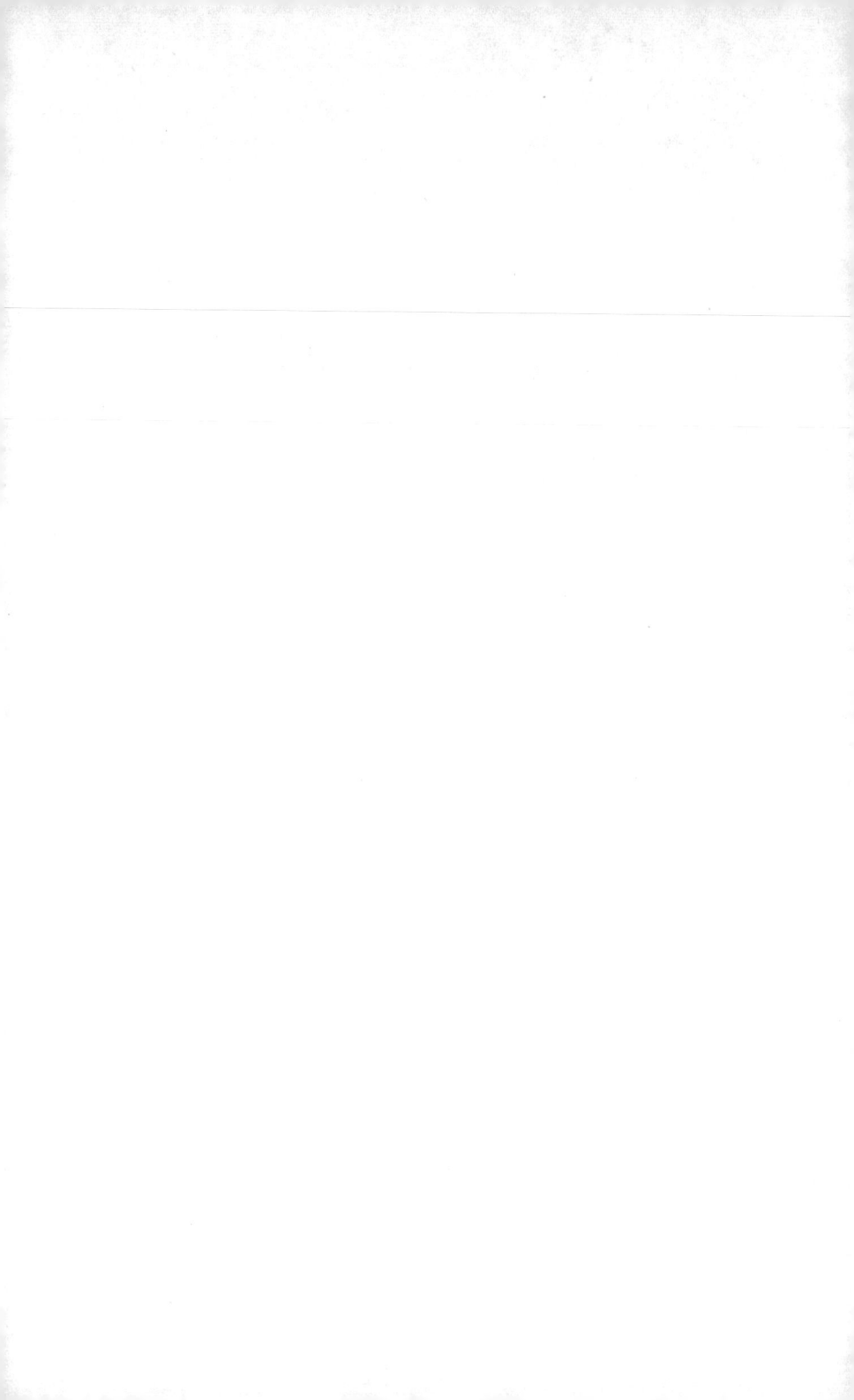

INHALT

Die Erkenntnis	9
Aufschwung	15
Unbeschwerter Aufstieg	19
Fortschritt	23
Gewinne und Verluste	29
Schwungvoll ins Neue Jahrhundert	37
Ruhe vor dem Sturm	47
Kriegsnöte	57
Hoffnungen	66
Ringsum Rauch und Trümmer	84
Fahrt in den Winter	96
Der Boom	112
Zukunftsfragen	131

Vielleicht könnte man dies die Beschreibung einer Mutation nennen, einer Hotelmutation. Denn mit der wechselnden, fortschreitenden Zeit wechselt auch das Hotel, mit ihm seine Gäste, seine Angestellten. Es wechselt die Mode, es wechselt die Politik, und der Fortschritt schreitet voran – das Hotel schreitet mit. Es ist Ausdruck seiner Zeit, Spiegelbild von Kultur und Unkultur.

DIE ERKENNTNIS

Jean-Jacques Rousseau rief die Menschheit zurück zur Natur und, siehe, die Menschheit wurde aufmerksam und begann außer sich selbst auch die Wunder ihrer Umwelt wahrzunehmen. Nun begeisterte sie sich für die Wildheit der Berge, das Grün des Tannenwaldes, das Morgenrot und das Abendrot, ließ sich von samtenen Schmetterlingsflügeln bezaubern, träumte von Elfen und malte Impressionen. Romantik erfüllte die Welt. Zugleich aber begann das Volk sich für vielerlei zu interessieren. Engländer bestiegen Bergesgipfel und erforschten das dunkle Innere Afrikas; die Zahnradbahn auf den Rigi wurde gebaut und die Ärzteschaft errang in der Medizin neue Ein-, An- und Aussichten. Wasser und Luft wurden zu Heilfaktoren.

1869 Die Transamerikanische Eisenbahn ist vollendet; die Eröffnung des Suezkanals wird gefeiert.

Ein paar beherzte Männer von Flims und Umgebung erarbeiten ein Programm zur Gründung einer Aktiengesellschaft zwecks Erstellung eines Kurhauses im Flimserwald. Als Pioniere eines neuen Wirtschaftszweiges haben sie folgende Möglichkeiten des idyllischen Dörfchens Flims erkannt (ich zitiere wörtlich aus dem sogenannten Programm):
Die Beschaffenheit seines von starken Zuglüften geschützten, montanen Klimas,
die unmittelbare Nähe ausgedehnter Tannenwälder, die sich zum Aufenthalt kränklicher Individuen eignen,
die überaus behaglichen, wohltätigen Seebäder im Caumasee,
die stete Gelegenheit zur Bereitung vorzüglicher Ziegenmolken,
die Versorgung mit einer reichhaltigen, vorzüglichen Trinkquelle,
die Umgebung einer malerischen Natur mit bequemen, schattigen Spazierwegen,

die interessant gebauten Gebirge sowie eine sehr reiche Flora und Insektenfauna
und schließlich die unmittelbare Lage an einer frequenten Poststraße und die geringe Entfernung von mehreren, besuchten Hauptorten des Kantones.
Ja, und da wäre noch das Wirtshaus zu nennen, das eine kluge Witwe in den Waldhäusern führt. Durch Dienstbarkeit und gute Küche sichert sie sich jeden Sommer einige Gäste. So sproß aus diesem kleinen Wirtshaus die erste, zwerghafte Tourismusblüte und erweckt alsobald bei jenen tatkräftigen Männern die Initiative für größeres Tun.
Doch Träume bleiben vorerst Schäume. Europa hallt wider von Säbelgerassel. Rom wird Hauptstadt von Italien. Die Kaiserkrone Frankreichs zersplittert bei Sedan. Der deutsch-französische Krieg pocht an die Schweizer Grenzen, wo wehrhafte Eidgenossen die Neutralität ihres Landes hüten. Die armen Überlebenden der Bourbaki-Armee werden durch General Herzog entwaffnet, und die Schweiz hat ihre erste große Flüchtlings-Internierung zu bewältigen.
Danach wütet in Deutschland der Kulturkampf. In der Schweiz wird der gesetzliche Arbeitstag proklamiert, das heißt: 12 Stunden tägliche Arbeit und jeden dritten Sonntag frei!
Wieder ein Jahr später stirbt Napoleon III. im englischen Exil. Der Franzose Vergès erzeugt erstmals durch Wasserkräfte Elektrizität, und in der Schweiz wird der Arbeiterbund gegründet.
Dann kommt das Jahr 1874 mit der neuen Bundesverfassung, der Gründung des Weltpostvereins in Bern und jener der «Kur- und Seebad Anstalt Waldhaus Flims» im Bündnerland.
Nachdem die vergangenen unsicheren fünf Jahre die Tatkraft der ersten Ideenträger erlahmen ließen, sicherten sich vorigen Jahres Peter-Jakob Bener-Caviezel und Dr. Paul Lorenz, beide von Chur, die Konzession der Gemeinde Flims zum Bau der projektierten Kuranstalt. Nun liegen die Aktien dieser Gesellschaft zur Zeichnung bereit. Die Gemeinde zeigt sich interessiert und entgegenkommend, gewährt ihr die ausschließliche Nutzung des Caumasees und überläßt ihr großzügig einen Hügel weiten Ausmaßes inmitten der Waldhäuser, einen Hügel unfruchtbaren Weidelandes, bedeckt mit schüt-

terem Lärchenwald, zu 50 Rappen per Quadratmeter zusätzlich einer kleinen Extrazahlung für die Lärchen und der Bedingung eines reservierten Sitzes im Verwaltungsrat für den Gemeindeabgeordneten, um über den Fortlauf der Dinge informiert zu sein.

1875 ist das Aktienkapital einbezahlt, sind die Statuten erlassen, das Grundstück verschrieben und der Verwaltungsrat konstituiert; der Bau kann beginnen. – Heute brüstet man sich mit der Errichtung komplexer Feriencenters – diese Gesellschaft hat solches schon vor 100 Jahren geschaffen. Es entsteht somit:

Eine Sägerei, denn wer rechnet, sägt selbst und am besten eigenes Holz.

Ein Postgebäude an der Landstraße mit Stallungen für 20 Pferde sowie Wirtsstube und Kutscherkammern, denn der Zubringerdienst muß gesichert sein.

Eine Rohrleitung für die Quelle von Prausura, welche der Besitzer des nun in ein «Curhaus» umgebauten ehemaligen Wirtshauses der Witwe vorsorglicherweise gekauft hatte, und die er nun wiederum der Gesellschaft weiterverkauft, somit bleibt ihm nur noch das kurze Stück Wasserleitung von Kurhaus zu Kurhaus zu finanzieren, denn das Wasserrecht hat er sich sowieso gesichert.

Ein Hotel mit 120 Betten.

Eine Wäscherei und ein Holzschopf.

Ein ordentlicher Kuhstall.

Und eine kleine Badeanstalt am Caumasee.

Zwar wurde schon 1835 eine kleine Badehütte errichtet. Ein Pumpwerk trieb das Caumaseewasser in drei Badekästen und in eine Gemeinschaftswanne. Hier versprach man sich Heilung von offenen Wunden und Geschwüren, denn das Wasser stand im Ruf heilkräftig zu sein. Diese mangelhafte Einrichtung bestand jedoch nur wenige Jahre.

Die weitblickenden Gründer beschließen, das Grundstück bei jeder Gelegenheit zu arrondieren und zu vergrößern, was alsbald die Aufnahme einer größeren Hypothek zur Folge hat.

1877 Königin Victoria wird Kaiserin von Indien.
Herr Guggenbühl, Hotelfachmann aus Zürich, wird Direktor der Kur- und Seebad Anstalt in Flims. Noch sind die letzten Arbeiten im Hotel nicht beendet, als schon die ersten Sommerfrischler eines schönen Junitages vors Hotel getrabt werden. Über eine provisorische Bretterstiege gelangen sie zum Hauptportal, worüber in goldenen Lettern steht «In Aere salus».

Jene gesundende Luft tief einatmend
lustwandeln sie
ebenen Weges
in eingeschnürter, hochgeschlossener Taille,
unter zierlichem Parasol
und schattenspendenden Tannen,
ihrem milchweißen Teint zum Schutze,
an der Seite behäbiger, bärtiger Männer,
deren Würde zwischen steifen Kragen steckt
und streng-männlich unter steifen dunklen Hüten blickt.
Der Cut verbirgt vornehme Fülle.
So wandelt man gemessen und dezent,
begibt sich lustvoll zu üppiger Table d'Hôtes;
läßt sich in bauchigen, goldumrandeten Porzellankrügen
alpfrisches Wasser dienstbar aufs Zimmer bringen,
trifft sich in fröhlicher Runde im benachbarten Kuhstall.
Oh, weiß-schäumendes, gesundendes Elixier!

Sagten Sie etwas von Tuberkulose? – Milch war erkorener Lebensfunke, und was man nicht weiß, macht einem nicht heiß. – Richtig, heute haben wir die Tuberkulose überwunden, und die Funken sind pasteurisiert!

Doch zurück zur Zeit.
Das Hotel ist gediegen und modern: fließendes Wasser in Küche und Office; während das Curhaus Segnes, ehemals das Wirtshaus der Witwe, sein Wasser immer noch mittels einer Pferdestärke, Wagen und Faß am Dorfbrunnen von Flims, anderthalb Kilometer

hin und anderthalb her, holen muß. Für kältere, alpine Sommertage steht ein Kaminfeuer im Schlafzimmer bereit, und natürlich auch in den Gesellschaftsräumen, wo auch großzügig Petroleumlampen leuchten, während in den Zimmern pro Nachttisch eine Kerze zur Verfügung steht und bei Mehrgebrauch als vornehm geschriebene, französische «Bougie» mit 10 Centimes in der Rechnung steht. Im Parterre gibt es zwei WC mit englischer Wasserspülung und ein Bad. Und da ist tiefer unten nicht nur ein Kohlenkeller und ein Petrolkeller, sondern auch ein Eiskeller und ein Weinkeller mit Fässern, deren Inhalt den Wirt 1 Franken per Liter kostet und somit ein besserer Tropfen ist. Ein kuhwarmer Milchtrunk kommt den Gast unwesentlich billiger. Für Pension bezahlt er 6 Franken. Ah, Sie haben schon bemerkt: die Nebenausgaben sind nicht billig; aber dafür braucht der werte Gast kein Bergbahnbillet und keinen Tennistrainer. Sonntags spielt die Flimser Dorfmusik für die herausgeputzte Gästeschar; getanzt wird jedoch selten, dafür aber eifrig gejaßt, und wenn einer der Gäste «Matsch» macht, ertönt ein Tusch. Richtig, die Clientèle besteht noch vorwiegend aus Schweizern!

Die Bevölkerung Bündens lebt karg – viel Steine gibt's und wenig Brot – und neuerdings erlahmt der Transit-Warenumschlag mehr und mehr, denn soeben wurde die Brennerbahn eröffnet und andere Bahnprojekte sind im Bau. Keines durchquert Graubünden, dabei hatten die Bündner so sehr darum gekämpft. Wohl besteht die Eisenbahnlinie Rorschach–Chur seit zwei Jahrzehnten, das Ostalpenbahnprojekt aber, von den Eidgenössischen Räten versprochen – wird ignoriert. Ohnmächtig sehen sie sich nun dem Gespenst der Arbeitslosigkeit ausgeliefert. Nicht von ungefähr wandern so viele initiative Bündner aus, um in fernen Ländern Dynastien zu gründen. Erfolgreich geworden und heimwehleidend lassen sie sich protzige Häuser im Heimatort bauen, um dann ihr Alter geruhsam in gewohnter Bergwelt zu verleben.

Wie froh ist die Gemeinde Flims, das Kurhaus-Projekt so vielversprechend verwirklicht zu sehen; ein Absatzmarkt für Arbeitskräfte ist vorhanden und somit vermehrte Sicherung des Lebensunterhaltes. Die gelernten Angestellten kommen allerding meistens von weiter her, jetzt aber hat ein Vater, der über einen gefüllten Sparstrumpf verfügt, die Möglichkeit, seinen Kindern eine Lehre im

Hotelfach zu finanzieren. Sprachbegabte, figulante Männer reißen sich um die Stelle eines Concièrges in vornehmen Hotels und sichern sich den Posten mit einem Bündelchen Banknoten, wobei skrupellose Hoteliers den Meistbietenden bevorzugen.

Das erste Betriebsjahr verlief zur vollen Befriedigung aller. Die Aktionäre kassieren den Coupon Nummer 1 zu 3 Prozent, und die Verwaltungsräte gehen mit Erneuerungs- und Vergrößerungsideen schwanger.

AUFSCHWUNG

1879 Die Welt ist ruhiger geworden; Deutschland und Österreich schließen das Schutz- und Trutzbündnis, und Edison erfindet das elektrische Licht.

Der Grundbesitz der Kur- und Seebad Anstalt dehnt sich mehr und mehr aus und die Gästezimmer werden gut vermietet, so gut, daß die Gesellschaft einen Neubau beschließt. Also wird die Villa Belmont gebaut, ihres Zeichens Dependance. Doch das geht nicht von heute auf morgen, und man begegnet der Zimmernachfrage wie man kann. In der Post werden die Kutscherzimmer aufgemöbelt und an Gäste vermietet, und weil die Düfte aus dem darunter gelegenen Pferdestall diese Zimmer mehr als dezent parfümieren, wird kurzerhand für Roß und Diener auf der anderen Straßenseite ein Holzbau errichtet; und weil dieser Bau aus Holz ist, wie gesagt, nennt man ihn «Chalet», was zwar eine Diskriminierung des Begriffes ist, aber wenigstens in Worten einen vornehm-rustikalen Eindruck macht. Natürlich wird, wenn immer möglich, mit Holz gebaut. Aus eigenen Wäldern gelangt es an eigene Sägen und läßt sich mit wenig Zeitaufwand zu etwas schreinern und zimmern. So entsteht neben dem Kuhstall ein Pavillon zur Bequemlichkeit der milchtrinkenden Gäste. Zu Ehren der umliegenden Bergwelt wird er «Bellevue» getauft, wie allerorts.

Aber auch der Park rund um das Hotel wird gepflegt. Endlich kann mit Erfolg gepflanzt und gehegt werden, nachdem man vom kantonalen Gericht Unterstützung erhielt, um die Bauern in ihre Schranken zu weisen, hatten doch ihre Ziegen die Werke der Gärtnerkunst jeweilen angeknabbert und abgegrast.

Öffentliche Spazierwege werden vermehrt verlangt. Die Gesellschaft einigt sich mit dem Besitzer des Hotel Segnes, den Kurgast mit einer Taxe zu belasten, die dazu dient, das Wegnetz zu erweitern und in Stand zu halten. Somit ist die Kurtaxe eingeführt und bis heute aktuell geblieben.

Die Herren der Verwaltung pflegen mit Sorgfalt das ihnen anvertraute Seebad, des Wertes wohl bewußt, der dem Caumasee als Attraktion ersten Ranges für ihre Gästeschaft zusteht. Ruderboote werden gekauft und ein Bootshaus gebaut, es entsteht ein ebener Wanderweg rund um den See – nur etwas zerreißt das Herz des Ästheten: das häßliche Wirtshaus auf der kleinen Insel und die plumpe Brücke, die es mit dem Ufer verbindet. Da ist guter Rat unnütz, denn die Insel samt ihren Verschandelungen ist in Privatbesitz – einst wurde sie von der Gemeinde an einen verdienstvollen Bürger verschenkt.

In einem Krater von grünem Tann
träumt in saphirener Bläue
der See.
Unterirdisch
reguliert die Schneeschmelze
seinen Wasserstand,
hebt die erdwarmen, glasklaren Fluten
der Bergsonne entgegen,
die sie angenehm temperiert
bis kühlere Tage kommen
und geisterhaft
die Wasserfläche wieder sinken lassen.

In diesem Gewässer,
wo weder Pflanzen wogen,
noch Fische sich tummeln,
sehen Spiegelbilder dich an
oder verbergen sich momentweise schalkhaft
unter des Windes brillantenem Gekräusel.

Der Abstieg zu seinen Ufern
ist sportliche Leistung
und der Aufstieg hinwiederum
verlangt Berggängigkeit.
Doch Damen
lassen sich im Tragstuhl
durch Bündner Bärenkräfte
an ihr Ziel schaukeln.

Mutige Männer
in verwegener, knieentblößender Bademode
springen kopfüber in die Fluten.
Nachen
mit am Ruder schwitzenden Herren
und beschirmter Damenschar
teilen die blitzenden Wasser.

Doch die Stille des Sees wird wenig gestört
und das Wirtshaus auf der Insel
ist kein Gewinn.
Die Herren der Seebadanstalt sehen dies
und warten.

Ja, dieser See ohne Zu- und Abfluß, mit seinem auf- und niedergleitenden Pegelstand ist ein kleines Wunder. So kann es geschehen, daß nach schneereichem Winter und in sommerlicher Hitze seine Fluten Weg und Teile der Insel und Halbinsel unter Wasser setzen, oder umgekehrt, er den Anblick eines halbleeren Stausees bietet. Ein Österreicher besuchte den Caumasee in solchem Zustand und sagte dazu lakonisch: «Dös is ja wirklich kaum a See!» Eine weitere Kuriosität ist, daß das Wasser in einer bestimmten Ecke auch im härtesten Winter nie gefriert.
Jetzt beschließt die Gesellschaft, Forellen darin auszusetzen. Doch der Versuch scheitert an der Vorliebe der großen Forellen, die kleinen Forellen zu verspeisen – so bleibt die «truite au bleu» aus eigenem Gewässer eine Illusion, und später werden Karpfen, Weißlinge und andere unedlere Fischarten zu den verbliebenen, großen Räuberforellen eingesetzt. Studiumshalber bereichert man den See sogar mit 2000 Aalen.
Von den Fischen nun wieder zu den Gästen.
Die Direktion regt an, einen ständigen Kurarzt zu verpflichten, da der Ortsarzt der Gästeschaft nicht genügend Aufmerksamkeit widmen könne, weshalb auch die Frau Direktor Brunner aus Winterthur ihren Aufenthalt plötzlich abgebrochen habe . . . Sofort wird der Beschluß gefaßt, denn eine rechte Kuranstalt hat einen eigenen Kurarzt. Man macht nicht schlechtweg Ferien, nicht einfach Urlaub,

sondern man begibt sich in die Kur, und wenn es keine Badekur ist, so wenigstens eine Luft- oder Molkenkur, wobei man sich in jedem Falle fachkundig den Puls messen und das Gewicht kontrollieren läßt, und wenn man während der Kur nicht mindestens 2 Kilogramm zunimmt, so ist die Kur von zweifelhaftem Wert und die Anstalt von noch zweifelhafterer Güte.

Der Verwaltungsrat erläßt also folgende Regelung:

Der Curarzt hat ein- bis zweimal Sprechstunde zu halten im Curhaus daselbst und sich im weiteren zur Verfügung der Gäste und der Direktion zu halten. Er hat einen Saisonbericht zu unterbreiten über die wichtigsten Curfälle und Curerfolge, samt eventuellen Ratschlägen. Er hat metereologische Complets auszuarbeiten und wichtige Beobachtungen zu registrieren.

Als Gegenleistung wird ihm folgendes zugesprochen:

Freies Logis und Pension inklusive Tischwein und Bedienung sowie eine Reiseentschädigung von zirka 150 Franken. Ein Medikamentekasten wird ihm zur Verfügung gestellt, die Assortierung desselben ist aber Sache des Arztes.

In derselben Sitzung wird der Bau einer Kegelbahn erwogen und dem Pächter des Kuhstalles wird nahegelegt, Enten und Hühner zu halten.

Solch eine Kur- und Seebadanstalt fordert ein breites Spektrum von Entscheidungen vom Verwaltungsrat.

UNBESCHWERTER AUFSTIEG

1881 Zar Alexander II. ist ermordet worden; in Berlin fährt die erste Straßenbahn.

In Flims wird die Villa Belmont eröffnet, und somit ist das Bettenangebot der Kur- und Seebad Anstalt auf 200 angestiegen. Neidvoll horcht die Konkurrenz in anderen Bündner Kurorten auf, und, wie es bei Menschen so üblich ist, stellt man sich gern hinterhältig das Bein, bevor man gescheiter wird und sich zur Zusammenarbeit entschließt. Aus dem Engadin schleicht sich diesen Sommer ein Gerücht unter die Leute, demzufolge in Flims eine Cholera-Epidemie herrschen soll. Natürlich herrscht sie nicht, aber sie könnte natürlich, und die ersten Abbestellungen lassen nicht auf sich warten. Dann aber, im August, bricht winterliches Sturmwetter aus, und somit kann Flucht und Ausbleiben der Gäste dem Petrus in die Schuhe geschoben werden und das Choleragerücht wird aus dem Feld geschlagen.
Im nächsten Jahr wird die Gotthardbahn eröffnet. Somit ist der Anreiseweg für Gäste aus dem heißen Süden in die Flimser Sommerfrische einfacher geworden. Dafür sind viele Fuhrhaltereien in Not geraten. Was des einen Leid, ist des andern Freud – die Hotellerie profitiert von ihrer wirtschaftlichen Wichtigkeit, die ihr nun noch vermehrt zugesprochen wird, sei es punkto Kredit oder Personal. Will ein Angestellter, bei diesem Überangebot von Hilfskräften, seinen Arbeitsplatz behalten, so muß er sein Bestes geben, wenn er Bestes zu geben hat. Er wird gedrillt und kommandiert und zu jener Dienstbeflissenheit erzogen, die den Ruhm der Schweizer Hotellerie zu festigen geholfen hat.
Die Gästezahl nimmt ständig zu und ebenfalls die Speisereste auf den Tellern nach den reichhaltigen Mahlzeiten. Da Sparsamkeit und gute Verwertung Grundlagen zur Entfaltung sind, beschließt der Verwaltungsrat den Bau eines großen Schweinestalles in sorgsamer Geruchsentfernung der Hotelbetriebe. So verfügt man nebenbei

über eine Landwirtschaft, die das Format eines Kleinbetriebes längst überschritten hat. Weil das Weideland ständig gemehrt wurde, ist ein neuer Kuhstall nötig; und weil mehr Kühe da sind, ist eine Sennerei gerechtfertigt sowie eine anständige Wohnung für den Pächter. Jetzt können die Herren Räte nebst der Quantität der Ein- und Ausgaben auch gleich die Qualität des heurigen Käses beurteilen. Nicht nur die Anzahl der Pferde ist ansehnlich, sondern auch die der Gefährte. Da gibt es Heuwagen, Milchwagen, Leiterwagen, kleine Kutschen, große Kutschen vom Einspänner bis zum Sechsspänner, welcher Jagdwagen genannt wird – wer weiß warum – vielleicht, weil damit die Gäste in dreistündiger, staubiger Fahrt vom Bahnhof Chur ins Kurhotel und vom Kurhotel zum Bahnhof Chur gejagt werden.

Da steht er wieder
abfahrtbereit,
der Jagdwagen,
in Kulisse
von Hotelportal und
Personal in Bücklingen.

Spitzenberockte Kinder
erklimmen,
in untadeliger Obhut
der Gouvernante,
schon die gewichsten Polster.
Die Dame bindet den Hutschleier.
Münzen gleiten in geöffnete Bedientenhände.
Wo bleibt der Herr Direktor?

Gepäck und Familie sind schon verstaut.
Welch ein Affront!
Der Herr steigt zu
mit eisernem Gesicht.
Wo bleibt der Herr Direktor?
Man läßt seine Gäste doch nicht
im Stich!

Der Kutscher strafft die Zügel.
Der Zug in Chur,
er wartet nicht.
Wer stürmt daher wie ein Wirbelwind?
Wer sucht in Eile nach dem Hut?
– Denn ohne Hüteschwenken
ist ein Départ nicht auszudenken –
Der Direktor!

Er hat sich einen Cox geangelt –
Reserven hängen stets bereit –
Aufatmen allerseits,
ein Lächeln macht die Runde
und obligates Hüteschwenken;
antraben die Pferde.

Da, munteres Lachen erschallt aus dem Wagen,
schwillt zum Gelächter,
Bedientengesichter grinsen breit.
Erschöpft greift der Direktor
sich an die Stirn
und
steht dümmlich am Rand.
Ein Cox auf dem Kopf,
ein Cox in der Hand...

Schon rückt ein schweizerisches Großereignis ins Blickfeld: die zweite Landesausstellung 1883 in Zürich. Die Gesellschaft läßt unter Mitarbeit des bekannten Geologen Prof. Heim eine Spezialkarte von Flims herausgeben, um sich damit an der Ausstellung zu beteiligen. Der Erfolg bleibt nicht aus.
Da die Kutscherei einer vermehrten, anspruchsvolleren Kundschaft angemessen sein soll, wird der Bau eines großen Pferdestalles in Angriff genommen. Somit wird im Untergeschoß des «Chalet» Raum frei zum Ausbau von Zimmern. Nicht genug, auch im Posthotel wird um- und angebaut, so daß der Schwerpunkt nun nicht mehr auf das Wörtlein «Post», sondern auf «Hotel» gelegt werden muß.

Das zeigt, wie baufreudig das Jubeljahr 1884 der Gesellschaft verläuft und wie ereignisreich. Nicht nur läßt sie ihr zehnjähriges Bestehen in das jüngst geschaffene Handelsregister eintragen, sondern es geht ihr auch ein lange gehegter Wunsch in Erfüllung: der Kauf der Insel im Caumasee. Nun kann das scheußliche Gasthaus samt Brücke abgebrochen werden, und der See erstrahlt in unverschandelter Romantik. Oder vielleicht doch nicht so ganz – die Badeanstalt ist auch keine Augenweide, aber immerhin eine vielgepriesene Notwendigkeit.
Die Badefreudigkeit der Gäste nimmt zu, und supersportliche Herren schwingen die Angelrute. So hat letzthin einer eine Forelle aus den klaren Wassern gezogen von sage und schreibe 2 Kilo und 700 Gramm. Ein anderer hat einen Aal erwischt, aber anstatt ihn zu räuchern, vermachte er ihn dem Bündner Heimatmuseum (wo er vielleicht heute noch verstaubt). Der Verwaltungsrat aber beschließt daraufhin, weiter Fische auszusetzen, den Gästen zur Freude und vielleicht mit dem geschäftstüchtigen Hintergedanken, daß auch Erwähnungen in Fischereizeitschriften Reklame sein können.

FORTSCHRITT

1887 Italien kämpft gegen Abessinien um Eritrea; Hertz beobachtet erstmals elektrische Wellen im Luftraum.

In Flims entsteht die erste Hotelkonkurrenz. Sie wird von den Herren der Kuranstalt freudig begrüßt, denn diese Herren sehen über ihre Nasenspitze hinaus: nicht nur eine Kuranstalt soll sein; ein Kurort soll werden! In St. Moritz werden eifrig Hotels gebaut, auch in den kleineren Engadinerdörfern entstehen Pensionen und Gasthöfe, und in Davos und Klosters tut sich allerhand, denn die Prättigauer haben dieses Jahr die Konzession für den Bau der Bahnlinie Chur–Davos erhalten. Im Oberland jedoch wird noch immer über die Ostalpenbahn gestritten!

Die Gästeschaft der Kuranstalt wird immer internationaler. Daß die deutschen Touristen die schweizerischen nun um das Doppelte überrundet haben, hat aber seinen Grund. Hier die Aussage des Direktors: «Die Schweizer Gäste kommen nur in der Hochsaison, wollen die besten Zimmer für nur kurze Zeit (was für damals zwei bis drei Wochen waren), und kaum ist das Wetter ein paar Tage lang schlecht, so reisen sie auch schon ab.» Die Ausländer aber bleiben einen, zwei und mehr Monate, denn ein fernes Ferienziel soll auch zeitlich richtig ausgekostet werden. Der Gesundheit des Gastes tat dies sicher sehr gut und der Rendite des Hotels ebenfalls – somit trägt auch die Internationalität zur Rendite bei. Franzosen, Engländer, Amerikaner, Italiener, Russen, Holländer und Österreicher sind ungefähr gleichermaßen vertreten. Ja, die Russen sogar in höchster Würde: Zar Alexander des Zweiten morganatische Gattin Juriefskaya samt Gefolge!

Vorfährt
ein Vierspänner.
Zaristische Insignien
in Gold und Brokat.

Hinten und vorne
livrierte Lakaien.
Teppiche werden ausgerollt.
Neugieriges Glotzen
und offene Münder.

Der Direktor schreitet
mit geschwellter Brust
zum Empfang.
Da!
eine behandschuhte Hand
und,
oh!
die ganze Exzellenz.
Am Busen glitzert's –
der schwarze Diamant!
Die Münder der Gaffer bleiben offen.

Vorfährt
ein Vierspänner.
Insignien und Gold.
Es entsteigt
die Gefolgschaft
in Prunk und Anmut.

Vorfährt
ein Zweispänner.
Gold und Insignien.
Zwei livrierte Lakaien
tragen
zwei fette Möpse
auf samtenen Kissen.
Noch weiter offen
die Münder der Gaffer.

Vorfährt
ein Zweispänner.
Mit Koffer
und Koffer.

Und noch ein Zweispänner
mit Gepäck.
Und noch ein Zweispänner
mit Gepäck –
dabei ist ein süßer Nachttopf
mit Gold und Insignien.
Aber dies weiß nur die Direktion,
somit bleibt es Diskretion.
Nun klappen die Münder der Gaffer
gelegentlich wieder zu.

Währenddessen schuften in der Wäscherei acht italienische Wäscherinnen. Sie buchten und schlagen das Linnen, brühen es mit Asche von Buchenholz und hängen es zum Bleichen an die Sonne. Ebensoviele Büglerinnen hantieren mit Kohlenbügeleisen, besprengen die Wäsche mit Hilfe von kleinen Besen und rühren das Stärkemehl zu pappigem Brei, um Stärkewasser zu bereiten, damit den enormen, plissierten Kochhüten, den adretten Zimmermädchen- und Saaltöchterhäubchen sowie den schrecklich unbequemen Herrenkragen die nötige Standhaftigkeit verliehen werden kann. Harte Arbeit für kräftige Mädchen, die ihren Liter Wein, den sie, wie alle übrigen Angestellten, täglich zu den Mahlzeiten erhalten, auch trinken. Den Köchen zwar wird das Doppelte ausgeschenkt; am glühenden Herd schwitzen sie es dann wieder heraus!
Das elektrische Licht erobert die Welt! Schon hat das Kurhaus Schuls-Tarasp seinen Speisesaal damit ausgestattet, was die Flimser Verwaltungsräte vor Neid erblassen läßt. Man sollte doch auch . . . die Gäste beschweren sich schon seit einiger Zeit über die Hitze im Saal, die von den vielen Petrollampen ausgeht. So wird geprüft und studiert. Die Gemeinde wäre an einem Elektrizitätswerk sehr interessiert und gibt sofort das Vorkaufsrecht für den in Frage kommenden Boden. Offerten über Turbinen und Generatoren liegen vor. Doch ach, den Aktionären ist die Ausführung zu teuer, und so wird das Projekt vorerst einmal eingemottet.
Dafür wird anderes beschlossen: die Gesellschaftsräume im Kurhaus sollen erweitert werden, denn mit steigender Bettenzahl wurden Speisesaal und Halle knapp und knapper. Auch modernere WCs

sollen eingebaut werden, eines pro Etage. Hand in Hand damit präsentiert sich die Abwasserfrage. Eine Sammelleitung muß unter der Küche ins Freie geführt werden, wo sie dann bald in einer Senkgrube endet. Gewiß, einige Dinge waren in früherer Zeit komplizierter, andere dafür einfacher! Die gedeckte Kegelbahn vor dem Posthotel ist nun in Betrieb. Im großen Ganzen kann man mit der Kuranstalt und dem ganzen Drum und Dran recht zufrieden sein, bis auf die gelegentlichen Mindereinnahmen der Badeanstalt, wegen der gelegentlichen Kaltwettereinbrüche. Aber daran wird man sich gewöhnen müssen! Ernsthaftere Sorgen bereitet das Chalet, das am Schwammbesatz krankt. Alles andere, wie gesagt ... somit steht einer Weiterplanung nichts im Weg. Und wie wird geplant! Um der ständigen Nachfrage für Luxuszimmer, namentlich von amerikanischer Seite, nachzukommen, wird der Bau einer neuen Villa beschlossen, was zwar eine Aktienkapitalerhöhung mit sich bringt, die aber in dieser hochstrebenden Zeit kein Problem bedeutet.

1889 Paris schmückt sich mit dem Eiffelturm für die Weltausstellung.

In Flims erschwerten ein naßkalter Frühling und Vorsommer das Trocknen der Maurerarbeiten, aber im Juli wird die Villa Silvana trotzdem eröffnet, wenigstens teilweise. Die Saison wird ein Erfolg und läßt für nächstes Jahr noch mehr erwarten. Die Nerven von Direktion und Küchenchef werden in diesem Weltausstellungsjahr zwar arg strapaziert, denn der Einkauf der etwas exklusiveren Nahrungsmittel, die auf dem Tisch eines Luxushotels erwartet werden, bereitet ihnen viel Kopfzerbrechen. Das Geflügel fliegt nach Paris, die Fische schwimmen nach Paris, die Früchte rollen nach Paris, ganz zu schweigen von andern Delikatessen. Erst muß die Ware, die man auf Um- und Schleichwegen ergattert und sündhaft teuer bezahlt, in der Küche liegen, bevor man ein Menu komponieren kann.

In der Villa Belmont wird ein Kaffee-Saal eingerichtet (heute würde er Tea-Room heißen), der sich großer Beliebtheit erfreut, und in einem anderen Raum wird ein Billardtisch aufgestellt, das Spiel der

Herren. In einer Ecke des Parks hat man als Kuriosität eine Murmeltierfamilie hinter Gittern eingebürgert. Diese drolligen, hochalpinen Nager werden von den Gästen eifrig besucht und gefüttert, so daß sie sich im Herbst mit fetten Wohlstandsbäuchen in ihre Erdhöhlen zum Winterschlaf zurückziehen können.

Der Generalversammlung wird dieses Jahr erneut die Elektrifizierung des Lichtes anempfohlen und zwar mit einer Dringlichkeitsklausel: Die Lieferanten von Turbine und Dynamo sagen für nächstes Jahr einen Preisaufschlag an. Das ist wohl ein Argument, das der sparsame Bündner gelten lassen kann. Also wird das Elektrizitätswerk in Auftrag gegeben, einschließlich der eisernen Druckleitung, 522 Glühlampen, 20 Laternen und 8 Bogenlichter. Der ganze Spaß wird zirka 40 000 Franken kosten und rechtfertigt alsdann eine Erhöhung des Pensionspreises von Fr. 6.50 auf Fr. 7.–. Die Verwaltungsräte aber eignen sich eifrig umfassendes Wissen über Kraftwerkbau an, um von nun an einem weiteren Ressort leitend vorzustehen: dem größten privaten Elektrizitätswerk in Graubünden mit einer Leistung von 60 PS! Das Wasser des Praupultébaches soll unterhalb der Kantonsstraße in die Druckleitung geführt werden, das Turbinenhaus wird in die Nähe des Prautuleritgsees zu stehen kommen.

Die Praxis des Kurarztes wird sehr gut besucht. Er ist sozusagen ein Zwischenglied von Gast und Direktion und von Erholung und Kurort. Eine Taxerhöhung wird ihm bewilligt, so daß nun die erste Konsultation auf Fr. 10.–, alle weiteren auf Fr. 5.– zu stehen kommen. Die Angestellten sind jedoch gratis zu behandeln, und Operationen darf er keine ausführen.

1890 Van Gogh begeht Selbstmord; Gottfried Keller stirbt friedlich, und Bismarck wird entlassen. Der schweizerische Bund erkämpft sich das Alkoholmonopol, und das Volk nimmt die neue Alkoholverfassung an.

Die Kuranstalt und Seebad AG unterläßt die Zahlung der Alkoholsteuer und muß nun nachzahlen und Buße berappen. Die Kuranstalt aber erstrahlt im elektrischen Licht, und die Bogenlampen beleuchten sanft die Parkwege. Die 300 Gäste äußern sich lobend, und die

75 Angestellten erleben dankbar die Annehmlichkeit des Schalterdrehens und trauern der Arbeit an und mit den stinkenden Petrollampen kaum nach.

Da immer mehr Gäste zum Caumasee gelangen wollen, aber zu wenig starke Träger für die ältere Damenschar gefunden werden können, ist es notwendig, eine Fahrstraße zum See auszubauen. Kein Jahr vergeht ohne Erdarbeiten!

Im Posthotel sind die Räumlichkeiten der Post zu eng geworden, und die eidgenössische Postverwaltung erhebt Anspruch auf zwei größere Räume und zwar unentgeltlich! Es wird diesem Begehren entsprochen – schließlich wäscht die eine Hand die andere – eine vorteilhafte Beziehung zur Post ist einen Einnahmenverlust im Hotel wert.

GEWINNE UND VERLUSTE

1892 Der Panamaskandal wirft weltweite Wellen; Frankreich und Rußland schließen ein Bündnis; in Graubünden wählt von nun an das Volk die Kantonsregierung.

Die Kur- und Seebadanstalt betrauert den Tod ihres Direktors, Johann Guggenbühl. Noch bevor er die Sommersaison in Flims wieder antreten konnte, ist er nach kurzer Krankheit unerwartet gestorben. Im Herbst wechselte auch er, wie viele der Angestellten, jeweilen sein Betätigungsfeld und zog nach dem warmen Süden, der Riviera des Mittelmeeres, wo die Crème der Gesellschaft der Unbill des harten Winters zu entrinnen suchte und ihre diversen Leiden der linden Wohltat heilsamer Meeresluft anvertraute. So wechselten nicht nur der Gast von sommerlicher Höhe in südliche Niederungen, sondern auch die Hoteldirektion mitsamt Troß: Sommer in Davos, Winter in Lugano, Sommer in Flims, Winter in Nizza, usw. usw. Es pendelten die Direktoren mit Familie und Sekretären zweimal jährlich zwischen den Bündner Alpen und den Alpes Maritimes, die Oberkellner mit ihrem Stab, die Küchenchefs mit ihrer Equipe, die Gouvernanten und ihre Zimmermädchen.

Noch bevor der Verwaltungsrat sich eingehend mit der Nachfolge in der Direktion befassen kann, wird er von vielen Stammgästen gebeten, diese doch in Händen der Familie Guggenbühl zu belassen. Gerne wird diesem Wunsch entsprochen, wurde das Hotel doch immer zu aller Zufriedenheit geführt, nicht nur allein vom Herrn Direktor selig, sondern auch seitens seiner Frau und den zwei Töchtern. Also übernimmt die tüchtige Frau Direktor Guggenbühl den allgemeinen Oberbefehl und kümmert sich zusammen mit einer der Töchter im besonderen um Küche, Einkauf, Lingerie und Logement, während die andere Tochter Buchhaltung und Korrespondenz bewältigt. Aber eine Aufgabe bleibt, die von den Damen nicht übernommen werden kann: die Begrüßung und Verabschiedung der Gästeschaft. Nur ein Mann kann dies «comme il faut»! Es wird ein

Sekretär mit dieser Aufgabe betraut, Joseph Zahnder. Sein Auftreten ist höchst schicklich und die Gäste fühlen sich in jeder Hinsicht wohl, männiglich ist zufrieden – nein, doch nicht ganz. Denn Ende Saison reicht Herr Zahnder eine Beschwerde ein: da die Gäste glaubten, in seiner Person den Herrn Direktor vor sich zu haben, sei er um sein Trinkgeld gekommen ... da er wirklich Talent zum Direktor hat, wird er zum Saal-Direktor ernannt, mit angepaßtem Salär natürlich, und nun ist wirklich männiglich zufrieden.

Im gleichen Jahr sind auch zwei Verwaltungsräte gestorben, ist das Schindeldach der Villa Belmont verfault und der Kurarzt, zur Peinlichkeit der Gäste, sehr schwerhörig geworden. All dies fordert Ersatz. Zwei neue Verwaltungsräte werden gewählt, die Villa Belmont bekommt ein neues Blechdach und ein Churer Arzt interessiert sich für die Stelle als Kurarzt, mit der Absicht, sich eventuell ganzjährig in Flims niederzulassen. Vorerst muß er eine Probe seines Könnens abgeben und wird verpflichtet, nächsten Juli den Kurarzt für einen Monat zu vertreten.

Der Sommer ist regnerisch, da werden keine großen Ausfahrten riskiert – das Konto Fuhrhalterei rutscht noch tiefer in die roten Zahlen. 's ist ein Kreuz! Die vielen Pferde, sie müssen bereitstehen, ob es regnet oder nicht, und im Winter stehen sie erst recht, vielfach arbeitslos, im Stall und fressen Heu, von dem immer noch nicht genügend aus eigener Produktion vorhanden ist und dann zugekauft werden muß, wenn es am teuersten ist. Dazu haben auch Pferde die Eigenschaft, krank zu werden und alt, oder gar eines plötzlichen Todes zu sterben. Der Oberknecht des Landwirtschaftsbetriebes ist ein guter Bauer aber sicher kein gewitzigter Pferdehändler, sowenig wie die Verwaltungsräte, die aber dem Übel anderweitig abzuhelfen versuchen, nämlich durch weiteren Kauf von Grünland, zwecks Vermehrung des Heuertrages. Zum Trost ist die Schweinezucht ein voller Erfolg.

Bei der Kellerabrechnung legen sich rätliche Stirnen in Falten: großer Konsum und wenig Rendite! Die Dienerschaft scheint dem köstlichen Naß allzu eifrig zuzusprechen. Da müssen Einschränkungen auferlegt werden!

Das Elektrizitätswerk bringt nicht nur Licht, sondern auch die dazugehörigen Pannen. Es wird allmählich zu teuer, wenn nach jedem

Gewitter ein Spezialist geholt werden muß. Ein hauseigener «elektrischer Techniker» wird angestellt.
Briefpost von Holland, Briefpost nach Holland, hin und her, her und hin, Briefe mit königlichem Siegel... Ein Zimmer in der Villa Silvana wird mit Arvenholz ausgekleidet, zusätzliche Türen werden in die Zwischenwände eingelassen. Das Inventar von Wäsche-, Porzellan- und Silberwaren wird mit dem Elegantesten, Neuesten vom Markt ergänzt. Möbel werden angeschafft; tiefrote Plüschsessel, geschwungene Récamiers, Lampenschirme aus entzückenden Glasperlenschnüren oder aus safrangelber Seide mit schwarzen Holzkügelchen gesäumt. Eine Pracht! Denn nächstes Jahr wird Großes erwartet.
Und im Juni 1893 ist es da, das Großereignis! Ihre Majestät Königin Emma, Regentin der Niederlande, mit Königinmutter und dem ganzen Troß. Das verlangt wohl einigen Aufwand, und er sollte nicht vergeblich sein. In den Jahresberichten der Kur- und Seebadanstalt geistert der Sommer 1893 noch manche Jahre als Beispiel unerreichbaren Rekordes. Nicht nur bleibt die Frequenz auch nach dem Besuch der Königlichen Hoheiten (sie verweilten einen Monat) sehr hoch, sondern die große Anzahl holländischer Gäste bleibt auch in den kommenden Jahren dem so populär gewordenen Hotel treu. Eine glanzvolle Saison! Das Kellerkonto wirft üppigen Gewinn ab und, siehe und staune, sogar die Fuhrhalterei rentiert erstmalig, denn die Majestäten geruhen, eifrig von den Kaleschen Gebrauch zu machen. Für die Fuhrhalterei bleibt dies allerdings der einzige finanzielle Lichtblick, leider. Auch wenn gewöhnliche Sterbliche sich noch einige Jahre rühmen können, in der königlichen Kutsche durch die Flimser Wälder zu fahren, ist sie eines Tages doch aus den Fugen gebrochen und wird durch ein Auto ersetzt – aber so weit sind wir noch nicht. Das königliche Arvenzimmer jedoch steht Ihnen zur Verfügung. Es wurde zwar mittlerweile vollständig renoviert und zwei der vier Türen, welche die Frauen Direktors beim Möblieren jeweilen zur Verzweiflung brachten, wurden wieder zugemauert. Aber die Arvenholz-Zimmerdecke ist immerhin noch authentisch – denken Sie daran, wenn Sie in der Villa Silvana in Nummer 323 einlogiert sind!
Seit dem Tode von Herrn Guggenbühl sind noch keine 12 Monate

vergangen, und nun ist ihm seine Gemahlin nachgefolgt. Erneut ein plötzlicher Verlust. Joseph Zahnder steigt auf der Erfolgsleiter wieder eine Sprosse höher und bildet mit den zwei Fräuleins Guggenbühl die Direktion.

1894 Die Gebrüder Lumière erfinden den Kinematographen; im fernen Osten wütet der chinesisch-japanische Krieg, in Moskau wird Nikolaus der Zweite zum Zaren gekrönt, die Dreyfus-Affäre bewegt die Gemüter.

Die Kur- und Seebadanstalt verliert ihren ersten Präsidenten und Mitbegründer, Ratsherr Peter Bener – eine Gedenktafel ehrt seine großen Verdienste. An der Generalversammlung vertreten 16 Aktionäre 68 Aktien und wählen Paul Bener zum neuen Präsidenten. Bener est mort! Vive Bener! Und schon geht man wieder zur Tagesordnung über ...
Beschlossen wird, eine eigene Bäckerei einzurichten, ebenfalls einen neuen Kochherd anzuschaffen, wobei aber weiterhin mit Holz gefeuert werden soll. Zwar ist der Holzverbrauch erheblich und man hofft, mit einer Kaminregulierung einiges einzusparen, auch sollen die Holzhacker besser kontrolliert werden.
Die Kegelbahn beim Chalet soll eingeglast werden, damit sich die Gäste auch bei schlechtem Wetter dem Spiel widmen können. Ach, und Reparaturen gibt es schon eine ganze Menge, kleinere sowieso und größere noch dazu: die Schneelast des Winters hat das Dach der Badeanstalt eingedrückt und die Sägerei ist dem Einsturz nahe.
Bei den Gästen erfreut sich der neue Croquette-Platz größter Beliebtheit. Auch wenn die sportlichen Leistungen der Herrschaften noch eher als dezentes Amusement bezeichnet werden können, ist die gezielte Körperkultur eindeutig im Vormarsch. Es gibt nicht nur immer mehr von den «Verrückten», die Badewannen beanspruchen, sondern auch kleine Gruppen von Männern, die nach wiederentdecktem antikem Muster ihre Muskeln mit gymnastischen Übungen fit erhalten. Die Hygiene ist langsam aber unaufhaltbar im Kommen. Man wird sich allmählich wieder bewußt, daß der Körper mehr als eine gramvolle und im Geheimen lustvolle Ver-

packung der Seele ist, und das alte römische Sprichwort «Mens sana in corpore sano» wird geflüstert. Luftbäder werden Mode und als bewährtes Heilmittel gegen Blutarmut und Migräne verordnet. Die Kur- und Seebadanstalt errichtet deshalb in einem fernen Winkel des Parkes ein «Body-Fitneß-Center» der damaligen Zeit, schlicht «Luftbad» genannt.

Rechts
das Luftbad für die Damen.
Ein hoher Bretterverschlag
umzäunt ein Stück Natur.
In düsterer Garderobe
fallen Röcke über Röcke,
Stiefeletten, Rüschenhose
und die engen Fischbeinmieder
werden mit Geduld enthakt.
Kühle Luft umstreicht den Körper,
frei von Hülle und von Stütze;
doch so gänzlich frei von allem
darf der Mensch sich nicht ergehen,
denn die Tugend,
ach, die Tugend,
könnte aus den Fugen gehen!
Unter einem weiten weißen
Hemd von Linnen
ahnt der Körper frische Freiheit
und er badet in der Brise
eines Windes
unter aufgebauschtem Hemd.

So tummelt sich im Grünen
die holde Damenschar,
atmet tief und unbeschwert,
wirft die Bälle,
schwingt auf Schaukeln,
dreht in Reigen.

Und wagt man einen verbotenen
Blick
durch's Astloch im Zaun,
was gibt's da zu schaun?
Paradiesische Sphären
mit flatternden Weihnachtsengeln!

Links,
in gebührlicher Entfernung,
ebenfalls hinter blicksicherem Zaun,
das Luftbad für Herren.
Von Knie bis Ellenbogen in Streifen,
so turnen die Herren,
sie turnen, jawohl!
Rumpfbeugen,
Kniebeugen,
Hanteln heben,
Aufzug am Reck!
Eingezogener Bauch, schwellende Muskeln.
Haltung, meine Herren, Haltung!
– und Würde natürlich,
trotz perlendem Schweiß.

Die Ansprüche der Gäste wachsen. Eine der kommenden Extravaganzen ist, sich anstatt an die Table d'Hôte zu setzen, an kleinen Tischen sich nach Wunsch bedienen zu lassen. So entsteht das «Dîner à part», wo sich der exklusive Gast durch Entrichtung eines angemessenen Aufpreises im intimen Kreis verwöhnen lassen kann. Die Direktion ist mit trübem «das-ist-der-Lauf-der-Zeit-in-Gottes-Namen-Blick» auf alle die Extrawürste und Extra-Personaleinstellungen gefaßt.
Die Kreispostdirektion hat wieder einmal angeklopft. Was ist wohl wieder gefällig? Ach, die Posthalterin heiratet und die Gesellschaft soll eine ganzjährige Kraft anstellen, denn der Wirt vom Posthotel, welcher jeweilen die Ablösung im Winter übernimmt, sei nicht zuverlässig, nein, ganz und gar nicht zuverlässig! Und die Gesellschaft sucht und findet eine Sekretärin. Sie wird verpflichtet und

erhält einen Monatslohn von 30 Franken und im Winter noch
40 Franken dazu für Zimmer und Verpflegung auswärts. Und wenn
Sie glauben, wer zahlt, befiehlt, so glauben Sie falsch. Aber wenn
Postkurs X oder Y gestrichen würde ...

*1895 Die Röntgenstrahlen sind entdeckt; Lilienthal stürzt bei
einem seiner Gleitflüge ab.*

In der Flimser Kur- und Seebadanstalt nötigen Kanalgerüche zu sofortigem Handeln. Die WC-Anlagen und Abwasserkanäle müssen geändert werden, und das sicherste, beste System nach englischem Vorbild erfordert einen tiefen Griff in den Geldbeutel. Der erhöhte Wasserverbrauch durch diese englischen Wasserklosetts verlangt wiederum ein größeres Wasserreservoir. Ein Trost, daß wenigstens die Quelle reichlich fließt. Ist dies nun ein Umbau, ein Anbau oder Neubau? Ich würde es lieber einen Eingriff nennen, einen Eingriff in die Hotel-Innereien. Jedenfalls erscheint er den Räten so wesentlich, daß er von nun an für einige Jahre als fixer Posten in den Aktiven steht: Closets ... 13 000 Franken. Gleich unter dem Liegenschaftskonto, welches mit 50 000 Franken im Kapital steht, es sind immerhin über 40 Hektaren inklusive Stallbauten!
Im Stennatobel bei Felsbach können Gletschermühlen besichtigt werden; eine Sehenswürdigkeit. Auf Wunsch der Gäste soll ein Weg dorthin gebaut werden. Da dürfen sich die Italiener wieder freuen, denn sie werden als Spezialisten auf dem Gebiet der Maurer- und Wegarbeiten den einheimischen Konkurrenten vorgezogen. Der Weg in die Schlucht sollte gleich bis an den waldgesäumten, saphirblauen Crestasee weitergeführt werden, und da der Crestasee Privatbesitz ist, soll der Besitzer auch etwas an die Kosten zahlen, denn früher oder später wird er davon profitieren. Er zahlt nicht. Sollen die zahlen, die den Weg wollen! Sie zahlen. Natürlich profitiert er. Diese Sorte Spielchen wird noch oft gespielt werden, so oft ...

*1896 In Athen finden die ersten olympischen Spiele der Neuzeit
statt; Alfred Nobel ist gestorben; in Graubünden eröffnet die Rhätische Eisenbahn die Strecke Chur–Thusis.*

Bei der Kur- und Seebadanstalt in Flims demissioniert Präsident Paul Bener, und neu gewählt wird Advokat Peter Jacob Bener. Bener her, Bener hin, ein Bener muß es siin!
Und es wird weiter geplant und gebaut, repariert und ersetzt. Eine Warmwasseraufbereitung wird in jedes der Häuser eingebaut und dazu Bäder. Die Hitze in der Küche erfordert eine Ventilation. Das Trockenhaus muß erweitert werden, und ein zweiter Eiskeller wird gebaut. Die Sägerei wird verpachtet – eine Sorge weniger für den Verwaltungsrat. Eine Seuche rafft den gesamten Schweinebestand dahin – eine Sorge mehr für den Verwaltungsrat.

1898 Marie Curie entdeckt das Radium; Kaiserin Elisabeth wird in Genf ermordet.

Die Bündner Behörden beschließen, ihre Bahn ins Oberland dem Rhein entlang zu bauen und nicht wie vorher geplant über Trins–Flims nach Ilanz. Der Verwaltungsrat der Kur- und Seebadanstalt aber hatte schon einen Betrag von 50 000 Franken für die Aktienzeichnung reserviert. Da die Pferdepost nun weiterhin nach Reichenau traben muß, kann auch das Geld anderweitig eingesetzt werden. Enttäuschung und Murren im Volk vom Kreis Trins und Sagens. Wird man, von der Bahn umfahren, bald zu den «Unterentwickelten» gehören? Kopf hoch, das neue Jahrhundert bringt ungeahnte Möglichkeiten!

SCHWUNGVOLL INS NEUE JAHRHUNDERT

1900 König Umberto von Italien wird von Anarchisten erschossen; der Boxeraufstand in China wird niedergeschlagen; europäische Truppen marschieren in Peking ein; das Luftschiff von Graf Zeppelin macht seinen ersten Flug.

Die Kur- und Seebadanstalt kauft das Hotel Segnes (ehemals die Pension der Witwe) für 240 000 Franken. Schon im Jahr zuvor spitzte der Verwaltungsrat die Ohren, als vom Verkauf des Curhaus Segnes gemunkelt wurde. Es gab da Interessenten, die ein Erstklaßhaus daraus machen wollten, aber es wurde noch eifrig um den Verkaufspreis gestritten. Präsident Peter Jacob Bener aber sah sogleich, daß die Ware ihren Preis wert war, denn das Haus ist in gutem Zustand, die Verkehrslage ausgezeichnet und das beachtliche Grundstück würde sich in hervorragender Weise an jenes der Gesellschaft angliedern. Sollte der Kauf nicht bewilligt werden, so wollte Präsident Bener eine eigene Gesellschaft dafür gründen. Eine außerordentliche Generalversammlung wurde einberufen, und mit 59 gegen 21 Stimmen gaben die Herren Aktionäre grünes Licht zum Kauf, und die Feilschenden hatten das Nachsehen.

Natürlich muß das Aktienkapital wieder einmal hinaufgeschraubt werden, und zusätzliche Darlehen werden aufgenommen. Zugleich ist eine Statutenrevision vonnöten, denn das Hotel Segnes soll als weitgehend selbständig betriebenes, im Klassement etwas tiefer gestelltes Haus der Kur- und Seebadanstalt einverleibt werden. Einige bauliche Veränderungen sind unumgänglich, und die Räte beugen sich erneut über Pläne.

Zur Jahrhundertwende tritt das Telefon seinen Siegeszug auch im Bündnerland an. Die Stadt Chur verzeichnet bereits 222 Anschlüsse, Davos und Arosa, wo die Tuberkulose-Sanatorien wie Pilze aus dem Boden schießen, 252 und 37. Es ist Zeit, daß sich in Flims etwas

tut! Die Gemeinde setzt sich dafür ein und gewinnt die Aktiengesellschaft als Abonnenten.
Im nächsten Jahr wird dann der sogenannte Telefonkiosk gebaut. Er steht als zwerghaftes Chalet in achtbarer Entfernung des Hauptportals, denn, wer weiß, was für eine Gefahr solch ein Telefon mit sich bringt – könnte doch der Blitz einschlagen oder Brand infolge Kurzschluß entstehen!
Überdies hat man Muße, sich bis zum Apparat zu bewegen, und jedermann kann jedermann bewundern, der sich dieses mit größter Wichtigkeit bedient. Es macht sich gut, vor dem Kiosk zu promenieren und den Bekannten mitzuteilen, man erwarte einen Anruf oder habe einen Fernruf bestellt, was immer mit viel Warterei, Hin- und Herklingelei, Kurbelei und ständigen Hallos verbunden war. Dieses Theater kommt immer sehr schön zur Geltung, denn das Publikum kann sich hier mit den üblichen Kioskwaren versehen sowie Briefmarken erstehen und Blumenbuketts (aus eigener Gärtnerei). Nur etwas beunruhigt das Fräulein vom Kiosk: allenthalben verschwindet Schokolade. Sollte etwa gestohlen werden? Nach eingehender Beobachtung kann der Dieb endlich gestellt werden – ein Eichhorn! Welch ein idyllischer Telefonkiosk! Als nach einigen Jahrzehnten der Parkplatz ausgebaut wird, transportiert man das Häuschen an den Caumasee, wo es vielleicht jetzt noch auf der Halbinsel zu sehen ist, sofern es nicht pietätvoll wieder in den Park gezügelt wurde, zum Beispiel zum Kinderspielplatz, oder minder pietätvoll zu Brennholz zertrümmert wurde.
Anders verhält es sich mit dem putzigen Coiffeurhäuschen, das im selben Jahr wie der Telefonkiosk zur Annehmlichkeit der Gäste errichtet wurde. Es steht in alter Pracht an Ort und Stelle, ein hölzernes Spielzeugschlößchen im so beliebten Chalet-Stil, die Räumlichkeiten allerdings wurden zum modernen Frisiersalon.
Aber dies sind unter den Ereignissen, die das Jahr 1901 brachte, kleinste. Die Welt trauert um die Königin von England – das Viktorianische Zeitalter ist vorbei, eine neue Ära bricht an. Sie bringt viele Erneuerungen; in Flims sind es vorerst bauliche, der Ort vergrößert sich zusehends; Privathäuser werden zu Pensionen, und auch ein Erstklaßhotel wird gebaut. Die Kur- und Seebadanstalt bricht den zum Hotel Segnes gehörenden Stall ab und läßt an dieser

Stelle, man kann schon sagen, die übliche Villa erstehen, ihres Zeichens Dependance mit lieblichem Namen «Erika».

Diesem wachsenden Komplex muß eine Generaldirektion an die Spitze gestellt werden. Das Hotelier-Ehepaar Walther wird dafür verpflichtet. Das Mutterhaus untersteht immer noch Joseph Zahnder und den Schwestern Guggenbühl; das Hotel Segnes mit Villa Erika wird von Direktor Smits betreut, und das Posthotel bleibt, nach längerer Erwägung, ob man die totale Eingliederung will oder nicht, weiterhin in der Pacht von Coray. Die Verwaltungsräte befinden sich im Zustand einer wahren Bau-Euphorie und stecken ihre Nasen tief in kolossale Pläne. Man will weiterhin vergrößern und wählt nun unter 20 verschiedenen Projekten jenes aus, das einen eleganten Pavillon als Gesellschaftshaus und die übrigen Häuser als reine «Schlafhäuser» vorsieht. Alle Bauten sollen mit gedeckten Wandelgängen verbunden werden. Diese Konzeption war damals einzig in ihrer Art – erst 50 Jahre später wird sie als Ferienideal weltweit Schule machen. Man wird immer wieder bemerken, diese Gesellschaft ist ihrer Zeit stets eine Nasenlänge voraus! Der prunkvolle Jugendstilpavillon sollte mit einer Warmluftheizung ausgestattet werden und im Obergeschoß Gesellschaftsräume jeglicher Art aufweisen, während im Untergeschoß riesige Küchen, Keller und Magazine vorgesehen sind, ja sogar eine Bäckerei, die einem Dorf alle Ehre machen würde. In Zukunft werden darin auch Brotwaren für an die tausend Personen gebacken, denn das Hotel Segnes sowie auch das Posthotel beziehen ihre Brote von dieser Zentralbäckerei. Aber vorerst steht all dies erst auf den Plänen. Der Ort, wo der stolze Bau errichtet werden soll, ist schon bestimmt: an der Stelle des jetzigen Bellevues.

Gebaut wird jetzt ein Tennisplatz, und die Räte zerbrechen sich die Köpfe über die Erstellung eines Golfplatzes. «The english sport life» ist im Kommen! Sportliche Betätigung ruft nach Erfrischung – Etagenbäder werden eingebaut. Die Villa Belmont braucht da und dort Retuschen; es rächt sich nun das «Hoppla-Hopp» dieser Schnellgeburt. Ach, und die Produktion des Elektrizitätswerkes ist auch schon knapp. Die Ausbaumöglichkeiten sind gering. Sollte man nicht besser ein neues am Stennabach bauen? Die Verhandlungen mit der Gemeinde sind im Gange.

Der Kurarzt ist stets vollbeschäftigt, nun macht ihm gar noch ein seltsamer Todesfall zu schaffen und verängstigt auch die Gäste. Der Verwaltungsrat erwägt den Bau eines Absonderungshauses, läßt aber die Idee zugunsten eines Badehauses rasch wieder fallen. Nirgends hat der Mensch mehr Zeit, sich seinem Körper und dessen Gebresten zu widmen, als während der Ferien. Orte mit Thermalquellen wurden durch die Mode der balnischen Kuren zu wichtigen Kurorten. Wenn man nun leider über keine Thermalquelle verfügt, so kann doch auch bares Wasser durch verschiedene Anwendung zum Heilfaktor werden oder mit Zusätzen bereichert als Medizinalwasser zum Wohle des Gastes gereichen.

1902 Die Gebrüder Wright sind mit dem ersten Motorflugzeug erfolgreich gestartet; in Südafrika werden die Burenrepubliken in britische Kolonien geknechtet.

Die Kur- und Seebadanstalt gibt 480 neue Aktien zu 2500 Franken aus, und die braven italienischen Bauarbeiter tragen das Bellevue ab und setzen es in einer versteckten Ecke des Parks als Wäschereihaus wieder zusammen. Ebendort wird auch ein stattlicher Holzschopf errichtet, wo nebst Brennholz aus der Sägerei auch diverses Abfallholz auf seine Verfeuerung wartet und einige noch intakte, von Umbauten überrestliche Türen und Fenster einer neuen Verwendung harren. Dieses unmalerische Durcheinander können Sie heute noch besehen, sollten Sie spazierenderweise am Holzschopf vorüber wandeln – der Anblick wird Sie kaum erfreuen, aber bedenken Sie, daß der Anfang allen Wohlstandes die Sparsamkeit ist ...
Nach langen Verhandlungen kann dieses Jahr auch eine zweite Quelle gekauft werden. Sie liegt in Tarschlims, also höher als die erste, genannt Erlenquelle in Prau Sura. Nicht nur Röhren müssen nun gelegt werden und Reservoirs gebaut, sondern es werden auch Hydranten im Park aufgestellt. Der Herr Generaldirektor möchte dazu auch gleich eine eigene Feuerwehr in Uniform haben, aber dies erscheint dem Verwaltungsrat übertrieben! Jedenfalls ist die Wasserversorgung sichergestellt. Wie wichtig dieser Schritt für die Zukunft ist, haben sich die Herren Räte damals nicht träumen lassen. Anschaffungen wie ein spezieller Aussichtswagen für den Pendel-

verkehr zum See sowie ein Krankenwagen sind Nebensachen. Wesentlicher ist der Abschluß einer Krankenversicherung für das gesamte Personal. Eine andere Neuerung im Zuge der Zeit ist die Anschaffung eines Pianos und die Anstellung eines Pianisten. Die Dorfmusik hatte sich in den letzten Jahren verschlechtert und ist momentan erst noch dirigentenlos. So spielt nun der Pianist die Kurmusik, und weil er täglich spielt, kann man reinen Gewissens vom Gast eine Musiktaxe verlangen. Vorerst ist man aber zum Beitritt in den Autoren- und Kompositoren-Verband gezwungen, welcher einen Beitrag von zwei Franken pro Vorführung verlangt. Die Räte denken rationell, und es gelingt ihnen, einen Pauschalbeitrag pro Saison von 200 Franken einzuhandeln.

Die Elektrizitäts-Frage hat sich nun folgendermaßen gelöst: die Gemeinde will am Stennabach selbst ein Werk bauen und ersucht die Gesellschaft um Beteiligung. Sie übernimmt 50 000 Franken, gleichviel wie die Gemeinde, und die restlichen 25 000 Franken werden von da und dort beigesteuert.

Seit der Jahrhundertwende befindet sich Graubünden dank der intensiven Ausnützung der Wasserkräfte in großem Aufschwung. Wo Kraftwerke gebaut werden, entstehen gute Straßen, wo gute Straßen hinführen, kann sich der Fremdenverkehr ausbreiten. Es entstehen Hotels und Pensionen in Massen, es wird gekauft und verkauft, und, wie immer in solchen Fällen, spekuliert.

Im Jahre 1903 wird im gesamten Areal gebaut. Tatsächlich ist die Villa Silvana das einzige Gebäude, das von der hektischen Bautätigkeit verschont bleibt. Wenigstens eine ruhige Ecke soll den Gästen reserviert bleiben. Heuer muß mit einer sehr schwachen Frequenz gerechnet werden – il n'y a pas d'omelette sans casser des oeufs! Zudem stehen den Gästen das schöne, neue Hotel Schweizerhof in sicherer Entfernung des Baulärms offen. Auch ist soeben die Albulabahn eröffnet worden und viel Volk reist zum billigen Reklamepreis ins Engadin.

Man kann schon sagen: es brauchte eine große Anhänglichkeit seitens der Gäste, ihre Ferien dieses Jahr in diesem Hotel zu verbringen. Malen Sie sich die Behaglichkeit aus, welche die Tätigkeit an folgenden Baustellen mit sich bringt:

Der Pavillon mit den Wandelgängen, derentwegen ein Hügel inmitten des Parkes abgetragen werden muß.
Der Aufbau des Mutterhauses, von jetzt an Kurhaus genannt, sowie die Verwandlung von dessen Sälen in Zimmer.
In der Villa Belmont werden ebenfalls die Gesellschaftsräume als Zimmer hergerichtet und ein Lift eingebaut.
Das Waschhaus wird ausgebaut, bekommt einen Dampfkessel und die dazugehörige Mangel und Waschmaschine.
Eine Straße, ausgehend von der Hauptstraße, durch den Wald bis auf den Hügel des Pavillons und von da wieder auf der anderen Seite hinunter bis zur Hauptstraße.
In der Nähe des Kurhauses entsteht das Badehaus, stolz Hydro-Elektro-Therapie genannt. Darin steht dem Kurarzt ein neues Sprechzimmer zur Verfügung und den Gästen ein Massageraum und diverse Spezialbäder und Duschen, ja sogar ein Glühlampenschwitzbad; alles unter kundiger Führung natürlich. Die größte Sensation aber ist das geheizte Schwimmbad – bestimmt eines der ersten Hotelschwimmbäder überhaupt! Der Zweck jedoch ist nicht die Vergnügung, sondern dem Gast die Gelegenheit zu bieten, das Schwimmen angenehm und gefahrlos zu erlernen.
In der Nähe, zwischen Tannen versteckt, bekommt der Hotelmonteur ein Häuschen für sich und seine Werkstatt, in der eine kleine Esse untergebracht ist, denn die riesigen Kupferkochtöpfe müssen fast jährlich neu verzinkt werden.
Schließlich werden noch zwei weitere Tennisplätze gebaut.
In der Villa Erika des Hotel Segnes erweisen sich die unteren Räume als nicht geeignet für Gästezimmer, und man beschließt, sie als Spielzimmer für Kinder herzurichten.
Im Posthotel bekommt die Postverwaltung zwei neue Räume und dazu eine eiserne Panzertüre, damit ihre Geheimnisse gewahrt werden. Von Stund an wird aber Miete bezahlt! Alles hat seine Grenzen – und einen Briefträger muß die Postkreisdirektion auch endlich anstellen.
Hier noch ein nettes, kleines Detail, wie sich die Kur- und Seebadanstalt bemüht, ihren Gästen einen seriösen Kurort zu bieten: sie subventioniert die Anstellung eines vollamtlichen Gemeinde-Landjägers!

1904 *Die «Entente cordiale» zwischen England und Frankreich steht dem Team Deutschland-Österreich gegenüber – der Japanisch-Russische Krieg hält die Welt in Spannung.*

Die Bahnlinie Reichenau–Ilanz funktioniert, und in Flims wird die Eröffnung des Pavillons auch mit Spannung erwartet. Am 3. Juli ist es soweit.

Oh, Tempel des Jugendstils,
wo unter elektrischen Gestirnrosetten
in hohen Hallen getafelt wird,
unter dem gemalten Patronat allegorischer Frauen
in Schleiern und zarten Farben,
wo Ornamente über Wände ranken,
wo Spiegel Gediegenheit spiegeln,
dort wachsen selbst die Palmenwedel
in schmiegsamer Eleganz
aus ihren Töpfen rosa und türkis.

Oh, Tempel des Jugendstils,
wo zwischen Säulen aus Kunstmarmor
in hohen Hallen geplaudert wird
und die geflochtenen Korbfauteuils
verhalten dazu ächzen.
Wo im Schreibsalon zarte Hände
mit kratzigen Federn Ferienidylle verfassen.

Oh, Tempel des Jugendstils,
wo Chauffeur und Gouvernante
dezent im Kuriersaal speisen
und die Kinder im Kindersaal.
Wo hinter schnörkliger Balustrade
auf den Terrassen
zu passender Klaviermusik
am Kaffee genippt wird.

Oh, Tempel des Jugendstils,
wo hinter den Kulissen
im Labyrinth von Küche und Keller
eine Vielfalt dienstbarer Geister
emsig wie Heinzelmännchen
sich für das Wohl der Gäste einsetzt.

Das waren noch Zeiten!

Ja, das waren noch Zeiten; den heutigen Personalmangel hätte man sich nie träumen lassen, noch die architektonischen Schlichtheiten... Jedenfalls hat ein elegantes Schlafzimmer die stattliche Höhe zwischen drei und dreieinhalb Meter, geschweige diejenige von Sälen. Nach geheizter Atmosphäre wird auch noch nicht so intensiv geschrieen, man ist ja auch anständig eingehüllt in wallende Gewänder, sogar zum Tennisspiel, einzig, daß sie dort weiß zu sein haben. Nachdem die ersten elektrischen Öfen fähig waren, bei Kälteeinbrüchen die Gästezimmer zu heizen, werden die romantischen, offenen Kamine kurzentschlossen zugemauert und vergessen. Heute aber gräbt man die alten Pläne wieder aus, entdeckt mit Begeisterung die Kamine und füllt sie überglücklich mit riesigen Entlüftungsrohren...
Der Pavillonbau, auch stolz Casino genannt, sowie alle die anderen Um- und Anbauten werden sehr gelobt und bewundert. Von nun an ruft kräftiger Gongschlag im Rondell der Wandelgänge die Gästeschar zur Table d'Hôte in den Pavillon. Und alles strömt herbei, denn wer sich verspätet, wird mit «der laufenden Platte» serviert; das heißt, erscheint er erst beim Hauptgang oder sogar bei der Nachspeise, so muß er damit vorlieb nehmen. (Außer er begibt sich dann ins Restaurant à part mit Extrabedienung und Extrarechnung.) Unter dem Regiment des Oberkellners herrschen im Saale strenge Sitten. Er befehligt 40 Saaltöchter. Läßt sein Zeigefinger das silberne Tischglöckchen einmal klingeln, so wird mit militärischem Drill aufgetragen, ertönt es zweimal, so wird abgetragen. Riesige Silberplatten werden reihum gereicht, wobei eifrig beachtet wird, daß die volle Platte jedesmal bei einem anderen Gast eingesetzt wird, damit nicht immer der gleiche die mageren Hühnerflügel und Bratenan-

schnitte erhält. Nachdem man sich durch die zehn Gänge des Menus gegessen und die tugendhafte Tischkonversation hinter sich hat, bleibt einem etwas Zeit bis zum Nachmittagskaffee. Man kann Siesta halten, sich ein Buch aus der Bibliothek entleihen oder einen Verdauungsgang zur so beliebten Wettersäule machen. Diese mit Baro-, Hydro- und Thermometer, ja sogar mit einem Seismographen ausgestattete häuschenartige Säule steht, ihres Treppenpodestes beraubt, heute noch verschämt am Straßenrand bei den Tennisplätzen, als Relikt vergangener Zeit. Ich weiß nicht, ließ man sie aus Pietät dort stehen, oder hat sie den Anschluß an den Schrottwagen verpaßt.

Aber kommen wir vom Kleinen wieder zum Großen: die Kuranstalt verfügt nun über 437 Gästebetten und ein Aktienkapital von 1,1 Millionen. Die luxuriöse Ausstattung des nun vergrößerten Hotels rechtfertigt eine Erhöhung des Pensionspreises auf 8 Franken. Der finanziellen Belastung durch die Bauereien will die Gesellschaft mit dem Verkauf von Bauland längs der neuen Straße begegnen. Dies verlangt einen Straßenplan und ein Baureglement, worin unter anderem festgehalten wird:
Gebaut darf nur zwischen 15. September und 15. Juni werden und nur mit Bewilligung und nach Einsicht der Pläne seitens der Gesellschaft.
Keine Weiterparzellierung ohne Erlaubnis.
Es darf in den Häusern kein Gewerbe betrieben werden.
Fernhaltung übelriechender Stoffe (zum Beispiel Jauche).
Die Gesellschaft hat das Vorkaufsrecht und darf Leitungen und Kanalisation durch die Grundstücke ziehen.
Sie sehen, die Verwaltungsräte waren weise bedacht, dieses einzigartige Erholungsparadies sowie dessen Priorität zu erhalten.
Mit dem Generaldirektor gibt es Meinungsverschiedenheiten. Es wurde ihm nahegelegt, während der Bauperiode am Ort zu bleiben; er unterläßt es, und nun wird ihm mangelnde Überwachung der Bauarbeiten vorgeworfen. Der Ausschlag zum entscheidenden Zwist entsteht kurz danach, als sich Herr Direktor Walther von der Tödi-Greina-Kommission zum Abgesandten wählen läßt. Der Verwaltungsrat will die Verwicklung seines Generaldirektors in politische Affären nicht dulden, und es wird in beiderseitigem Einverständnis

der Anstellungsvertrag vorzeitig gelöst. – Wie soviele unserer schweizerischen Projekte, wurde damals auch die Tödi-Greina-Bahn verpolitisiert. Daß um dieses Projekt auch heute noch, oder wieder, debattiert wird, zeigt die Zähigkeit des föderalistischen Geistes.

Im nächsten Jahr verlassen Herr und Frau Direktor Walther die Kur- und Seebadanstalt, und die Gesellschaft sucht und findet einen fähigen, neuen Mann. Der Engadiner Eduard Bezzola und seine Frau Clara, die zurzeit in Genua ein Hotel leiten, können für die Generaldirektion gewonnen werden.

Am Posthotel sind auch wieder bauliche Veränderungen im Gange, und der Kuhstall wird zirka 200 Meter straßenwestwärts verlegt – die Gäste erwarten natürlich Frischmilch, aber es soll nicht mehr gleich aus der Nachbartüre sein!

Die Bauereien an den Gebäuden im Park gehen allmählich ihrem Ende entgegen. Die Verwaltungsräte schnaufen auf, aber sie legen die Hände nicht in den Schoß, sondern auf den nächsten Plan: die Badeanstalt am Caumasee!

RUHE VOR DEM STURM

1906 Die erste russische Revolution ist in ihrem Blute erstickt; die Konferenz von Algeciras beruhigt die erste Marokkokrise; Albert Einstein findet das Gesetz von Energie und Masse, was die Atomforschung ermöglicht; ein katastrophales Erdbeben zerstört San Franzisko.

Das große Bauvorhaben der Kur- und Seebadanstalt ist nun beendet. Im Spätwinter aber stürzt das Dach des Festsaales im Casino ein. Meister, die Arbeit ist fertig – kann ich sie gleich wieder flicken? Und dazu braucht es nicht einmal ein Erdbeben, es genügen auch Konstruktionsfehler. Direktor Bezzola kommt eilig aus Genua angereist, um sich den Schaden anzusehen und mit der Baufirma zu verhandeln. Es gelingt, einen Skandal zu vertuschen, und die Firma verspricht, den Saal bis im Juni mit verstärkter Stahlkonstruktion auf eigene Kosten wieder aufzubauen.
Im Frühjahr erscheint die Familie Bezzola in Flims. Die Schwestern Guggenbühl und Joseph Zahnder sind bereits im Herbst von ihren Anstellungen zurückgetreten, so daß die neue Generaldirektion vom alten Faktotum Zaina, seines Zeichens bausachverständiger Parkarbeiter italienischer Staatsangehörigkeit und Angestellter seit Anbeginn, in ihr neues Arbeitsfeld eingeführt wird. So folgen nun Eduard und Clara Bezzola dem kleinen Mann, der im typischen Italodeutsch den Herrschaften den Gebäudekomplex erklärt, so unter anderem:
«I si saiga jetza Villa Olschoff.»
Aha, denken die Bezzolas, das wird die Villa eines russischen Edlen sein. Doch welche Enttäuschung, als Zaina sie zum Holzschopf führt. Es war eben die Mode jener Zeit: ein rechtes Haus war schlechtweg eine «Villa», und weil die Kur- und Seebadanstalt aus vielen «Villas» besteht, machten sich die Angestellten einen Jux daraus, auch die weniger edlen Gebäude in «Villas» zu verwandeln. So heißt der Kuhstall «Villa Muh», das Elektrizitätswerk «Villa Elek-

tra» usw. Allein der Schweinestall erhält den pompösen Namen «Palazzo Maiale», woraus zu schließen wäre, daß der Schweinehirt ein Italiener sein muß.

Apropos Italiener: ein gewisser Stock dieser Fremdarbeiter war seit jeher in der Hotellerie beschäftigt. Die Männer sind beliebt für Park- und Umgebungsarbeiten, denn in fast jedem von ihnen steckt ein Talent für Maurerarbeit und Straßenbau, aber auch als Casseroliers und Silberputzer sind sie gesucht, denn schon damals behagte den Schweizern das Hantieren mit schweren Pfannen und Töpfen nicht. Diese Männer sind meist Familienväter und bringen nach und nach Verwandte und Bekannte mit an den Arbeitsplatz, so daß ein ganzer Stab von Angestellten aus dem selben Dorf, Verschwägerte und Verschwiegerte, in der Saison gemeinsam das begehrte Schweizer Geld verdient. Das Oberhaupt des Clans hält strenge Zucht und Ordnung; nur gute Arbeit garantiert den Arbeitsplatz. Und draußen gibt es noch viele arme Dörfer, viele arme Familien.

Am Ufer des Caumasees prunkt die neue Badeanstalt – im Chaletstil natürlich. Außer einer stattlichen Anzahl Kabinen wartet sie mit zwei großen Nichtschwimmer-Bassins auf. Weil der Pegelstand des Seewassers so sehr unterschiedlich ist, hängt das Gebäude in einem Gerüst und ist auf große Schwimm-Caissons gelagert, damit im Frühling, wenn die Fluten steigen, sich die Badeanstalt mit der Wasseroberfläche hebt. So kann der Badende von kleinen Treppchen aus direkt in den See schwimmen, ohne vorher über Steine und Schlamm ins Wasser waten zu müssen. Übrigens, eine Seite des Gebäudes ist für Herren reserviert, die andere für Damen, weshalb auch gleich zwei Bassins gebaut werden mußten. Welch tugendhafte Zeit!

Generaldirektor Bezzola nimmt sich sehr schwungvoll aller Arbeit an. Er hat weitgehend freie Hand und ist nur dem Verwaltungsrat verantwortlich. Weil ihm die Entwicklung des ganzen Kurortes am Herzen liegt, setzt er sich für den frisch gegründeten Kur- und Verkehrsverein Flims tatkräftig und präsidial ein. Die ersten Ziele nach dem Protokoll sind: Bekanntmachen des Ortes, Ausbau des Wegnetzes, Bau eines Absonderungshauses (somit hat die Gesellschaft den schwarzen Peter weitergegeben), Einrichtung eines Verkehrsbüros und Schaffung eines Baugesetzes (das lange auf sich warten

Vorsommer: noch hat die Schneeschmelze den Caumasee nicht ganz aufgefüllt, das Wasser jedoch ist dank seiner unterirdischen Quellen schon angenehm temperiert.

läßt!). Überdies wird die Kanalisationsfrage der Waldhäuser geprüft. Sicher denken Sie, dies wäre eigentlich Gemeindeangelegenheit (wie verschiedenes anderes auch) – wohl, es wäre... Aber anscheinend sitzen die tatkräftigen Männer gerade nicht im Gemeinderat.

Das Elektrizitätswerk Flims ist voll in Betrieb, und für die nun stillgelegte Anlage des Hotels hat sich ein Käufer gefunden. Die komplette Maschinerie wird nach Palästina verschifft. Wer da nicht staunt! Das leere Gebäude wird nun als Logis für Hirten und Stallknechte eingerichtet. Überreste dieses Hauses stehen heute noch in den Auen über dem Prau Tuleritgsee. Sic transit gloria!

Das Passivkonto der Gesellschaft ist nach all diesen Bauereien stark belastet. Die Aktionäre erhalten nur zwei Prozent Dividende, und den Verwaltungsräten wird die Reisevergütung gestrichen; nur die von weit her reisenden erhalten 20 Franken.

Für die Hydrotherapie wird ein eigener Arzt eingestellt. Im Kurhaus praktiziert wie bisher der Hotelarzt und im Ort selbst der nun ganzjährig in Flims wohnende Kurarzt. Der Arzt der Hydrotherapie widmet sich bald nur noch Nervenpatienten und gelangt an den Verwaltungsrat mit dem Vorschlag, die Kuranstalt in eine Nervenkuranstalt umzuwandeln. Dieser prüft das Dafür und Dawider, berät sich sogar mit dem Verkehrsverein und beschließt, die bisherige Kur-Clientèle nicht zugunsten von Nervenkranken zu verändern. Worauf der Arzt beleidigt kündigt, und da sich der Hotelarzt auch verändern will, muß der Verwaltungsrat wieder einmal auf Ärztesuche gehen.

Das «Restaurant à part» erfreut sich so großer Beliebtheit, daß es schon zu klein geworden ist. Der Individualismus ist im Vormarsch! Die Lösung des Problems bietet sich in der Vergrößerung und Überdachung der Frühstücksterrassen, welche somit gleichzeitig als Restaurant gebraucht werden können.

Der gute Ruf des Hotel Segnes ist im Begriffe zu schwinden, denn die Direktion läßt es an der Betreuung der Gäste fehlen und bringt nicht die gewohnten leckeren Speisen auf den Tisch – dafür fällt eines Tages ein Stück der Saaldecke mitten auf die Table d'Hôte. Verletzte gibt es keine, jedoch der Schreck ist groß. Der Verwaltungsrat entscheidet, eiligst die Saaldecke und die Direktion zu er-

setzen. Bis der richtige Mann gefunden wird, springt zu aller Freude der frühere Besitzer Caflisch in die Bresche.
Im Posthotel wird die Kegelbahn in ein Restaurant verwandelt. Im nächsten Jahr kündigt Pächter Coray seinen Vertrag vorzeitig, sein Nachfolger wird Herr Frick.
Da sich das Zentrum der Waldhäuser, deren Hotelangebot ständig zunimmt, in der Gegend des Hotel Segnes gebildet hat, sind die Bewohner mit dem abseits gelegenen Standort des Postbüros nicht mehr einverstanden. Es wird ein Initiativkomitee zur Verlegung der Post gegründet. Übrigens als kleines Memorandum: die Post ist durchgehend von 7 bis 20 Uhr geöffnet! (Und erst noch ohne dreizehntes Monatsgehalt . . .)
Unzufriedenheit herrscht auch unter den Flimsern, weil sie beim Bahnanschluß umgangen wurden. Seit einiger Zeit wird eifrig nach Lösungen gesucht, und nun haben sich zwei Gruppen herauskristallisiert, deren eine für eine Drahtseilbahn von Versam nach Conn plädiert, während die andere eine Schmalspurbahn von Reichenau nach Flims wünscht. Natürlich soll die Kur- und Seebadanstalt eine angemessene Beteiligung beisteuern. Die Verwaltungsräte verwerfen das Conn-Projekt, und was die Bahn betrifft: man wird ja sehen . . . Die Gemeindeparteien streiten sich noch längere Zeit herum, und wer schließlich gewinnt, wer weiß? Aber etwas tut die Gemeinde sogleich: sie spricht beim Bundesrat vor und verlangt für beide Projekte Konzessionen!

1908   Die Erde bebt schon wieder und fordert in Messina 83 000 Tote. Die Donaumonarchie reißt Bosnien und die Herzegowina an sich.

In Flims wird das Posthotel in die Kur- und Seebadanstalt in gleicher Weise eingegliedert wie das Hotel Segnes.
Denn Pächter Frick, der ja erst kürzlich das Posthotel übernahm, löst leider vorzeitig seinen Pachtvertrag auf. Der schmerzliche Verlust seiner Ehefrau und die gleichzeitige Erkrankung seiner Tochter zwingen ihn dazu. Emil Werder wird von der Gesellschaft als Direktor verpflichtet und untersteht somit der Generaldirektion. Das jetzige Tochterhaus soll ein gutbürgerliches Hotel werden, etwas tiefer

im Klassement als das Hotel Segnes. Dieser Wechsel bedingt den Ausbau von Gesellschaftsräumen, was aber keine großen Probleme schafft, denn die Postlokale sollen nun verlegt werden. Nach einigem Hin und Her in der Gemeinde einigt man sich, dieselben im Hotel Segnes unterzubringen. Wie Sie sehen, bleibt die Post gesellschaftstreu oder die Gesellschaft posttreu, wie man's nimmt. Dabei ist die Post ein Defizitgeschäft mit vielen Umtrieben – heute hat der Staat das Defizit übernommen!

Das Hotel Segnes braucht auch bauliche Veränderungen, nicht nur wegen der Post, nein, die Pläne lagen letztes Jahr schon auf dem Tisch. Man will das Hotel für 120 Gäste ausbauen, und somit soll ein ganzer Trakt angebaut werden. Vorerst aber muß Geld her! Zu diesem Zweck und auch zur Ablösung der drückenden Anleihen wird eine Obligationsschuld von 1,5 Millionen zu 5 Prozent aufgenommen.

Im Casino wird ein Orchester von fünf bis sechs Mann angestellt – schließlich muß man seinen Gästen immer das Neueste bieten. Einmal wöchentlich soll ein großer Ball gegeben werden, ansonsten wird vor- und nachmittags Kurmusik gespielt. Das Orchester wird auch turnusmäßig an andere Hotels ausgeliehen; ein Beitrag zur unterhaltungsmusikalischen Befruchtung des ganzen Kurortes, was gegen die heutige Musikberieselung zwar ein Nichts ist, aber möglicherweise vom Gast mit mehr Begeisterung aufgenommen wurde. Die Casino-Konzerte, die meist auf der Terrasse abgehalten werden, sind für alle Flimser Gäste offen und gratis, denn die Leute zahlen ja Kurtaxe, und der Kurverein unterstützt die Gesellschaft obendrein noch mit einem Beitrag, ganz wie's sich gehört. Was sich weniger gehört, ist, daß Gäste anderer Hotels die Casinohalle ständig belegen, so daß die eigenen Gäste keinen Platz mehr finden. Es stellt sich heraus, daß zum Beispiel im Prospekt des Hotels Bellevue freier Eintritt zu allen Räumen im Casino versprochen wird. Das führt zu Prozeßdrohungen seitens der Kur- und Seebadanstalt, bis schließlich der Hotelier diesen Passus überdrucken läßt. Nun wird ein Memorandum herausgegeben, worin festgehalten ist, daß alle Flimser Kurgäste freien Zutritt zu den Konzerten im Casino haben und die Hydrotherapie benutzen können, alle übrigen Räume aber für die Gäste der Kur- und Seebadanstalt reserviert bleiben.

Als Neuerung wird im Casino die riesige Table d'Hôte zugunsten von kleinen Tischen aufgehoben. Beim Service zwar bleibt man weiterhin den großen Silberplatten und dem Klingelzeichen treu.
Eine Nerven- und Zeitbelastung für den Verwaltungsrat sind die ewigen Streitereien mit der Gemeinde wegen der Holzpreise – das sind Sorgen, die im Wald wachsen, so man welchen hat. Glücklicherweise findet sich ein Pächter für die Sägerei, so daß die Räte nun wenigstens ein Departement weniger beaufsichtigen müssen.
Nachdem wir wieder einmal bei der Landwirtschaft sind, melde ich auch den Beschluß, nach welchem den Fuhrknechten von nun an 25 Franken monatlich bezahlt werden. Bis anhin nämlich lebten die braven Männer nur vom Trinkgeld der Fahrgäste, und das Hotel stellte ihnen freie Kost und Logis. Nur im Winter zahlte die Gesellschaft 90 bis 100 Franken monatlich, Kost und Logis aber fielen hinweg, denn das Hotel war ja geschlossen.
Wie bekannt wirken Regensommer negativ auf die Saisonfrequenz; aber die rückläufige Gästezahl des Sommers 1909 kann nicht allein dem schlechten Wetter in die Schuhe geschoben werden. Die amerikanische Wirtschaftskrise beeinflußt auch die Schweizer Hotellerie. Dem Neubau am Hotel Segnes spielen die sintflutartigen Regengüsse dieses Jahres arg mit und ziehen die Bauzeit in die Länge. Aus der ganzen Schweiz werden Überschwemmungen gemeldet, und der Flembach nimmt solch tosende Fülle an, daß er die Sägerei der Gesellschaft mit sich reißt.

1910 George V. besteigt den Thron von England; Luzern wird die erste Luftschiffstation der Welt für gewerbsmäßige Fahrten.

Das Hotel Segnes erhält als neuen Direktor Max Baiter.
Nachdem man sich während fast 10 Jahren von der Harmlosigkeit des Telefons überzeugt hat, beschließt man, in der Kur- und Seebadanstalt das Telefonnetz zu erweitern. Im Kurhaus wird eine Zentrale eingerichtet, und Casino, Posthotel, Segnes und Seebad werden angeschlossen. Somit wird der Telefonkiosk wieder zum simplen Kiosk.
Im Zuge der Zeit sind auch wieder einige Badezimmer eingebaut worden, und als Besonderheit zu den laufenden Neuanschaffungen

kann ein Vervielfältigungsapparat genannt werden. Dieser ist von so ausgezeichneter Qualität, daß er jahrzehntelang den Bürolisten zu schwarzen Fingern und Fluchorgien verhilft, schließlich aber, mit einem Generationensprung, von einem hochmodernen Photokopiergerät abgelöst wird.

Die Schweizer Industrie hat in den letzten Jahren ihre Produktion vervielfacht. Verbissener Fleiß und hohe Qualität ermöglichen einen ständig breiter werdenden Exportfluß – die Fabrikhallen wachsen und saugen immer mehr Leute aus der Landwirtschaft in sich hinein. Mehr Maschinen, weniger Brot, das heißt, aus einer Landwirtschaftsnation wird ein Industriestaat, wobei die anfänglich bescheidene Hotellerie schon deutlich den Trend zur Fremdenindustrie aufweist.

Der Betrieb am Caumasee nimmt ständig zu – bei schönem Wetter natürlich – und die Räte der Kur- und Seebadanstalt erahnen den Wunsch der Gäste, dem Badebetrieb, ein kühles Bierchen schlürfend, beizuwohnen, oder die Bläue des Sees am Kaffee nippend zu bewundern. So soll demnächst ein kleines Restaurant gebaut werden.

Ein erfolgreicher Hotelfachmann braucht ein besonderes Flair, um zu fühlen, was dem Gast Spaß macht, ihn erfreut, ihn fesselt – ihn ans Hotel bindet – noch bevor es dem Kurgast selbst klar geworden ist. Elegante Feste im Casino sind momentan «in».

Wenn sie des Abends
zur Soiree
durch die Wandelgänge
wandeln,
welch ein Modedefilee!

Im Geschlungenen,
im Gerafften
und Geschlitzten
trippelt engen Schrittes
holde Damenschar,
gekrönt von Reiherfedern,
hinter sich die Schleppe
schleppend.

Die Herrenwelt,
nach Englands Vorbild,
steckt im Smoking
oder wenigstens im Frack;
uniforme, ruhige Eleganz.
Jedoch, ob verwirrender
Pariser Damenmoden
schüttelt manch ein Zaungast
still sein Haupt,
und die Kinder kichern
im Versteck.
Doch ein winzig Hündchen
gibt es,
das frönt einem Sonderspaß:
es besteigt die Damenschleppe,
so wie unsereins das Tram.
«Oh, was ist das?
So ein Mistvieh!
Willst du wohl!»
Grinsen dort nicht Kindermünder?
Wem gehört denn dieses Tier?
Weh, der Direktionshund ist es –
«Fidus!
Welche Unverschämtheit!»
Und schon wird er eingesperrt...
Doch von Dauer bleibt dies kaum.
Und die Kinder rufen heimlich:
«Fidus!
Hopp, geh Schleppenfahren!»

Im Festsaal drehen sich die Paare im noch immer aktuellen Wienerwalzer, hüpfen zu Polka und Galopp, doch wer sehr modern wirken will, beherrscht die verwirrenden Schritte des Tangos, was hohe Tanzkunst bedeutet. Hinschmelzendes Dehnen und Verharren, blitzschnelle Wendungen, Zuckungen und viel vampirhafte Dämonie mit ellenlanger Zigarettenspitze. Wer mehr fürs Einfache ist, macht

beim «Cake-Walk» mit. Welch ein verrücktes Treiben, welch ein Mummenschanz! Die Kirche bangt um die Moral, und in Amerika werden Gesetze zum Schutze der Sittlichkeit erlassen. Lächeln Sie etwa, oder ziehen Sie Vergleiche?
Der neue Direktor des Hotel Segnes steckt voller Tatkraft und wird von der Generaldirektion in seiner Anregung, das Hotel auch im Winter offen zu halten, bestens unterstützt. Eduard Bezzola gründet daraufhin den Winterkurverein, der als erstes eine Bobbahn anlegt, denn Bobfahren ist der große «Hit» des Wintersports. Wohl gibt es auch einige Verrückte, die mit langen, geschnäbelten Brettern an den Füßen die Schneemassen durchpflügen und sogar mutig den Abhang hinunter schlittern, heftig mit einem bäumchenlangen Haselstock gestikulierend oder denselben kurzerhand zwischen den Beinen haltend, mit dem Eigengewicht beschwerend, um so die rasende Fahrt zu bremsen. Max Baiter ist selbst solch ein Ski-Enthusiast, und Eduard Bezzola, der den Winter im Engadin verbringt, war sogar der erste Skifahrer im Unterengadin. Da stand jeweilen die halbe Gemeinde am Fuße des Hügels, um seine Abfahrt zu beobachten und hielt sich den Bauch vor Lachen, wenn er kopfüber in die Schneemassen tauchte und sich mühselig wieder herausarbeiten mußte; – ja, es wurden Wetten abgeschlossen, wie viele solcher «Taucher» er bei einer Abfahrt machen würde. Wie Sie sehen, waren die rechten Männer da, um die ersten Skikurse in Flims zu organisieren. Als Besonderheit wird nun ein Militärskikurs abgehalten. Der allererste war schon 1908 vom Kurverein ins Auge gefaßt worden, mußte dann aber wegen zuviel (!!) Schnee abgesagt werden.
Die fernen Gewitterwolken am Himmel der Politik veranlassen die Führung der Schweizer Armee, Ausbildung und Organisation des Heeres nach neuen Einsichten voranzutreiben. Würde man im Winter Krieg führen oder auch nur die Grenzen bewachen müssen, so wäre dies ohne skifahrende Soldaten nicht auszudenken.
Aber zurück zur Bobbahn. Sie führt vom Casino hinunter über die Landstraße zur jetzigen Skiwiese und von dort ins Unterwaldhaus. Aus Sicherheitsgründen wird eine Überführung über die Kantonsstraße gebaut – Sturzhelme jedoch sind unbekannt! Ein Viererbob aus jener Zeit rostet heute noch still vor sich hin, in einer Ecke der Villa Holzschopf ...

1911 Amundsen erreicht den Südpol, und Rutherford erkennt das Atommodell; aber in der Welt gärt es. Italien und die Türkei führen Krieg, und Marokko steht wieder mitten in einer Krise.

In Flims ist noch alles friedlich – zwar, eine kleine Fechterei ist wohl im Gange. Die Kur- und Seebadanstalt wird von den Bauern aus Conn angegriffen, denn, welch eine Frechheit, sie hat das Wasser des von der Gemeinde angelegten Conn-Wassergrabens (Conn ist wasserarm) dort, wo das Bächlein durch das Gesellschaftsareal führt, zu kleinen Teichen erweitert, um den sich ablagernden Sand daraus zu gewinnen. Also, die von der Kuranstalt haben wirklich nie genug! Im nächsten Jahr führen die Bauern einen Prozeß und verlieren ihn – viel Lärm, um wenig Sand!
Im selben Jahr (1912) versinkt die Titanic und mit ihr 1500 Menschen. Und es ist auch das Jahr, in welchem Kaiser Wilhelm II. die Schweizer Herbstmanöver besucht. Die kleine Nation fühlt sich geehrt, daß ihre militärische Organisation solch hoheitsvolle Beachtung erfährt und empfängt den Herrscher in allen Ehren. Ein wohlmeinender großer Bruder verspricht Schutz ... Allerdings muß erwähnt werden, daß sich das Schweizer Militär von einer Wehrmiliz in eine Milizarmee gewandelt hat.
In Flims werden diesen Winter gleich zwei Militärskikurse durchgeführt, weshalb die Villa Erica vom Hotel Segnes zusätzlich eröffnet wird. Direktor Baiter ist stolz zu melden, daß an Weihnachten 100 Personen im Hotel weilen.
Im Frühling wird der Badeanstalt ein zweiter Stock aufgesetzt. Somit erhält sie das Aussehen, das sie bis zu ihrem Abbruch nach zirka 60 Jahren beibehält. Mit der Baderei ist aber nicht viel los, denn das Sommerwetter wird wieder einmal nicht abgehalten. Aber dies allein ist nicht der Grund, warum die Saison von 1913 rückläufig ist. Die kürzlich beendeten Balkankriege leerten einige Staatskassen, andere werden durch geheimes Aufrüsten beansprucht, und der Putz blättert mehr und mehr von Europas Palastmauern, und sein Bröseln schwillt allmählich zu dumpfem Grollen. Es ist unbehaglich – wer will schon reisen!

Der verträumte Caumasee um 1880. Die luftige Brücke zur Insel und das Wirtshaus wurden 1884 abgebrochen, nachdem die Gesellschaft die Insel gekauft hatte.

Die Badeanstalt am Caumasee um 1880. Sie wurde durch den Neubau von 1906 ersetzt, dem 1911 ein zweiter Stock aufgesetzt wurde (Bild unten). Diese Badeanstalt wurde 1969 abgerissen.

Der Schräglift,
eine Kuriosität, fährt die
Gäste seit 1937 ins nun
modernisierte Seebad
(1970).

Die alten Waldhäuser und das Bauerndorf Flims um 1900.

Siebzig Jahre später, der Kurort Flims. Links oben das Hotel Segnes, rechts unten das Hotel Adula.

Abenteuerliches Reisen um die Jahrhundertwende.

Stolzer Vierspänner vor dem Portal des Kurhauses nach dem Umbau 1907.

Das Posthotel, später Hotel Bellavista, um 1910. Hier war die Post bis 1908 etabliert.

Das Curhaus Segnes 1882, also in «vor-gesellschaftlicher Zeit».

Der von unterirdischen Quellen gespiesene, abflußlose Caumasee, ein Juwel inmitten der Tannenwälder.

KRIEGSNÖTE

1914 Das Attentat auf das Thronfolgerpaar in Sarajewo gibt den Auftakt zum Ersten Weltkrieg, bald darauf folgt Kriegserklärung auf Kriegserklärung. In der Schweiz wird am 31. Juli zur Generalmobilmachung geblasen.

In Flims sind Mitte August die Kurhotels leer. Eigentlich macht man sich auch jetzt noch keine großen Sorgen. Zuvor hat sich die Kur- und Seebadanstalt in üblicher Weise zur Saison gerüstet, ja, im Hotel Segnes wird sogar an der Installation der Zentralheizung gearbeitet, im Hinblick auf die Wintersaison. Im Posthotel waltet ein neuer Direktor seines Amtes, Walter Russenberger. Aber nun sind die Gäste in hektischer Eile verreist, und die Schweizer Männer haben ihr Gewehr aus dem Schrank geholt und stehen wachend auf den Jurahöhen. Sie nehmen das Säbelgerassel als kleines Abenteuer und glauben, bis Weihnachten wieder zuhause bei ihren Lieben zu sein. Der auf Hochglanz polierte Deutsche Militarismus macht allgemein einen siegesgewissen Eindruck. Auch General Ulrich Wille glaubt an einen raschen deutschen Sieg. Die Sympathien unserer östlichen Landeshälfte stehen auf Seiten der Preußen, die welschen Brüder jedoch sind eher nach Frankreich orientiert. Nun schaufeln sich die Schweizer selbst einen Graben durch das Land, der die innere Harmonie lange und empfindlich stören wird.
Die Kur- und Seebadanstalt verzeichnet dieses Jahr erstmalig einen Verlust; ein Wunder ist dies nicht. Die Angestellten werden aber trotz verfrühtem Saisonschluß voll ausbezahlt.
Das Jahr 1914 ist zu Ende gegangen, an ein Kriegsende jedoch ist nicht zu denken. Der Generaldirektor ist im Militärdienst, der Verwaltungsratspräsident und einige Räte ebenfalls sowie viele Angestellte und die meisten Pferde. Der Kündigungstermin eines großen Bankkredites ist verfallen und stiftet Unbehagen und Verwirrung im Verwaltungsrat. Die Zeit der Finanzsorgen ist somit angebrochen. Welche Bank will heute schon Kredit gewähren? Wer kann

heute noch Zinsen bezahlen? Der Pächter der Sägerei jedenfalls ersucht um Reduktion der Zinsen um die Hälfte, desgleichen die Mieter des Friseursalons und des eben erst eingerichteten Ladenlokals in der Villa Erika. So leitet eine Reduktion die nächste ein. Im Sommer soll trotzdem eröffnet werden, natürlich reduziert. Der bürgerliche Mittelstand ist größtenteils in Geldnot, aber es gibt noch Begüterte, die sich Ferien gönnen können, zudem schwirren Ausländer mit goldbepackten Köfferchen in die Schweiz, um hier in Sicherheit den Lauf der Dinge abzuwarten. Deshalb werden Kurhaus und Casino eröffnet, und die allfälligen Gäste der Hotels Segnes und Post werden zum entsprechenden Pensionspreis ebenfalls dort aufgenommen. Den Direktoren der geschlossenen Hotels wird eine Arbeit im Kurhaus zugewiesen und ihr Salär, wie das der übrigen Angestellten, um die Hälfte gekürzt. Die Anzahl der Logiernächte sinkt auf 5400 – die bisher höchste Zahl weist das Jahr 1911 mit 21 000 auf. Nur 19 Gäste verbringen diesen Winter ihre Ferien im Hotel Segnes.
Der Kriegswirrwarr breitet sich in Europa weiter aus. Die Schweiz bleibt darin eine Insel der Neutralität, deren leere Kurorte geeignet sind, die Kriegsverwundeten fremder Nationen aufzunehmen. Auch Direktor Bezzola unterbreitet dem Kriegsministerium in Berlin sein Angebot – man fühlt sich den Deutschen verpflichtet, denn schließlich kam früher aus ihren Reihen die größte Gästeschar; mit 4 Franken pro Tag und Person hofft man die Unkosten zu decken und zugleich einigen Leuten aus der Gegend zu Arbeit zu verhelfen. Allein das Angebot wird ausgeschlagen. Das Zinsenkonto aber wächst und wächst. Nach anstrengenden Verhandlungen gelingt es den Verwaltungsräten endlich, den verfallenen Bankkredit einzulösen: die Obligationen werden verpfändet, und man erhält einen Bürgschaftskredit für die Grundstücke unterhalb der Landstraße.
Man glaubte an einen kurzen Krieg, und niemand hatte Vorsorge getroffen, weder der Staatshaushalt, noch die Wirtschaft, noch der Privatmann. Der Verdienstausfall der Militärdienst leistenden Männer wirkt sich in manchen Familien katastrophal aus. Die Nahrungsmittel werden knapp und knapper. Direktor Baiter ersucht um die Erlaubnis, Hühner zu halten, und bittet um ein Stück Land, um darauf Gemüse zu pflanzen. Zum selben Zweck wird dem Hotel Adula

auch ein Stück Land geliehen. Da die Weiden infolge Personalmangels nicht alle gemäht werden können, schlägt Eduard Bezzola die Schafsömmerung vor. Ein Flimser Metzger stellt 100 Schafe, die Gesellschaft das Weideland, dafür kann das Hotel das Fleisch zu sehr günstigem Preis bekommen, und die Wiesen werden erst noch gedüngt. Man muß sich eben zu helfen wissen! Auch wird nach und nach ein Teil der Rinder und Schweine geschlachtet, was den wenigen Gästen aber sehr zugute kommt ...
In dieser sorgenvollen Zeit hat auch der Kurarzt Sorgen. Sein Verdienst als Nur-Kurarzt reicht nicht mehr aus, deshalb möchte er seine Praxis auf den ganzen Ort ausdehnen. Da Flims einen ganzjährigen Arzt braucht, werden Gemeinde und Kuranstalt zu Partnern, wobei sich aber die Kuranstalt einige Privilegien sichert, so zum Beispiel die kostenlose Behandlung der Angestellten und die Beibehaltung der Praxis in der Hydrotherapie.

1916 Es tobt die Schlacht um Verdun. Am russischen Zarenhof wird Rasputin ermordet.

Eduard Bezzola wird in den Verwaltungsrat der Kur- und Seebad AG gewählt.
Die Sommersaison in der Kur- und Seebadanstalt nimmt wieder einen leichten Aufschwung – allem nach hat sich die üppige Bewirtung rasch herumgesprochen. Es kommen viele Schweizer Gäste, und der Andrang im Hochsommer wird so groß, daß rasch die Villen Belmont und Silvana eröffnet werden müssen. Hotel Segnes und Posthotel waren es schon von Anfang an. Jedoch die Freude ist kurz; der Schulanfang in den Großstädten leert schon Mitte August wieder die Hotels. Einen Gewinn bringt aber auch diese Saison nicht, einzig das Passivkonto gewinnt an Umfang. – Das Reservekonto ist längst ausgeschöpft, das Pferdeersatzkonto wurde bestimmungsfremd verwendet, Abschreibungen werden keine mehr vorgenommen, das Sitzungsgeld des Verwaltungsrates wurde schon lange abgeschafft, und dennoch soll der Obligationenzins bezahlt werden, und Reparaturen gibt es immer wieder. Es seufzt die Generaldirektion, denn die Gesellschaft ist Herrin über zirka 30 Dächer, und eines ist immer undicht! Um zu Geld zu kommen, entschließt sich

der Verwaltungsrat, einen großen Holzschlag durchzuführen, denn die Holzpreise stehen extrem hoch. Wohl dem, der Wald besitzt und einen einsichtigen Förster in der Gemeinde weiß!

1917 Amerika greift ins Kriegsgeschehen ein und stellt sich auf die Seite der Alliierten. Mit der Oktoberrevolution erlischt das Zarenreich in Rußland.

In der Schweiz startet der Außenminister seine Intervention für einen deutsch-russischen Separatfrieden, was nicht nur großen Unwillen bei den Alliierten, sondern auch im eigenen Volk hervorruft (man ist keineswegs mehr deutschfreundlich). Die Westschweiz tobt besonders, so daß sich der ernüchterte Bundesrat sofort von seinem Außenminister distanziert. Die Bundesversammlung wählt einen Genfer für das nun frei gewordene Amt. Für eine Kehrtwendung ist es höchste Zeit – auch die Neutralen stehen gerne auf der Seite des Siegers!
Es hat sich in der Schweiz nun eine große Zahl politischer Flüchtlinge angesammelt. Es sind interessante Persönlichkeiten darunter, Künstler, Intellektuelle, Amts- und Kronenverlustige, aber auch marxistische Agitatoren, welche die Kriegsmüden gegen das Militär aufhetzen und Revolutionsgedanken in Arbeiterhirne säen. So entsteht zur schweizerischen West-Ost-Spannung noch eine zweite, zwischen Bürgertum und Arbeiterschaft. Eine andere Menschengruppe fällt in dieser Zeit auch auf, es sind die Kriegsgewinnler – nein, nicht nur die Kanonenfabrikanten, wie Sie denken, sondern auch die kleinen, schlauen Füchse, die mit Schuhabsätzen, Erbsen oder Nägeln handeln, und die großen, dicken Füchse, die ähnliches gleich waggonweise von Land zu Land verschieben. Jedenfalls haben eigenartige Leute plötzlich dicke Brieftaschen und großen Drang, sich ein süßes Leben zu gönnen.

> Wer gibt sich so vornehm und imposant
> und schmückt sich mit zwielichtigen Damen?
> Wer schreitet einher in elegantester Mode
> und ist so entfernt jeder Tischmanier?
> Wer schlemmt und zecht,

trinkt Champagner wie Bier?
Fällt dann aus der Rolle
und zotet
und kotzt?
Kriegshalunken!
Schieberpack!
Still doch,
es sind Gäste,
Gäste mit Geld,
ein Labsal für leere Kassen!
Und die Frau mit dem wütenden Blick,
die schaltet und waltet,
die nachsieht und vorsieht
und sich sorgt um Gewinn und Verlust,
wer ist sie?
Ihr Mann steht Grenzwacht,
und sie soll zur Nacht
prosten mit solchem Gelichter ...
Unwürdige Zeit,
was bietest du
der einsamen Frau Direktor!

Nein, nicht alle Gäste entsprechen dem obigen Schema – es sind auch erfreuliche da, nette, wohlerzogene. Doch das Betriebsergebnis ist nicht wesentlich besser, trotzdem der Champagner im Keller fast alle ist, denn die Nahrungsmittel sind rar und teuer. Da ist ein guter Küchenchef Gold wert, auch wenn die üppigen Menus von einst auf drei bis vier Gänge geschrumpft sind. Die eigene Landwirtschaft ist auch geschrumpft und liefert keine so fetten Braten mehr. Trotz allem läßt sich die Gesellschaft den Kauf eines gutgelegenen Stückes Wiesland von zirka 2000 Quadratmeter nicht entgehen – Land bleibt Land – und der Preis beträgt keine 40 Rappen pro Quadratmeter! Die beiden Zweighotels arbeiteten heuer sehr schlecht, und die Wintersaison des Hotel Segnes wird eingestellt, denn es ist fast kein Heizmaterial zu bekommen.

1918 Waffenstillstand. Deutschland ist geschlagen. Kaiser Wilhelm gestürzt. Die Arbeiterschaft der Schweiz ruft zum Generalstreik auf.

Was lange geschwelt hat, wird nun zum offenen Feuer; wie weit sich der Brand ausdehnen wird, fragt man sich mit klopfendem Herzen. Die Sozialisten wollen einen Umsturz – sie sind wohl vom Revolutionsvirus angesteckt, der in vielen Ländern seine Opfer gefordert hat. Der Bundesrat ist ängstlich, aber der General ist mutig – Gott sei Dank – er läßt nicht locker, bis er die Bewilligung erhält, mit Militär aufzurücken, genügend Militär; und angesichts dieser Gegendemonstration zeigt es sich, daß die Streikparole noch lange nicht die Mehrheit des Schweizervolkes gewonnen hat. Nach drei Tagen wird der Streik abgebrochen. Die Parteien verhandeln und finden sich schließlich in echt schweizerischen Kompromissen. Aber wer weiß, was ohne General Willes eisernem Wehrwillen, der sich auch während der Mobilmachung bewährt hat, aus unserer Staatsform und unserer Armee geworden wäre?
Somit ist dieser innenpolitische Fieberschub wieder am Verebben. Dafür wütet das Grippefieber, das im Gegensatz zum Krieg die Schweizergrenze nicht respektiert hat. Auch die Gespenster Hunger und Kälte zeigen sich sogar in der Schweiz da und dort. Wo mit Brennmaterialien gefeuert wird, darf nur einmal wöchentlich heißes Badewasser bereitet werden. Deshalb beschließt die Kur- und Seebadanstalt, eine elektrische Boileranlage einzubauen, und für die momentane Kältebekämpfung beteiligt sie sich an einer Sägemehlfabrikation. Natürlich ist die Nahrungsmittelbeschaffung für ein Hotel ein besonderes Problem. Ist es verwunderlich, wenn versucht wird, die Kontingentierungsgesetze zu umgehen? – Man darf sich nur nicht erwischen lassen! Der Buchhalter, als vertrauenswürdige Person befunden, wird zum Geheim-Fourier und verreist mit zwei leeren, großen Koffern. Auf der Rückreise öffnet sich der eine im denkbar dümmsten Augenblick am denkbar dümmsten Ort, und heraus purzelt der Buttersegen zur Befriedigung der Polizei am Bahnhof Reichenau. Ob es ein Werk von Spitzeln war – denn die Koffer sind unglücklicherweise blendend neu – oder einfach Pech – wer weiß? Jedenfalls hat die Direktion der Kurhotels nichts mehr

zu lachen, denn das Gericht verurteilt sie zu einer Buße von 3500 Franken, während der Lieferant 1500 Franken berappen muß. Bleibt vergleichshalber zu erwähnen, daß im Jahr vorher für weniger als ein Viertel dieser Summe 2000 Quadratmeter Boden gekauft wurden! Strafe muß sein – wünschenswert wäre lediglich, daß die heutigen Gewässer- und Umweltverschmutzer in solchen Proportionen bestraft würden ...
Seit dem Generalstreik ist das soziale Bewußtsein der Angestellten gewachsen, somit steigen die Lohnforderungen, denn eine Gewerkschaft der Hotelangestellten, die Union Helvetia, wurde geboren. Die Anschaffung einer Hackmaschine und einer Kartoffelschälmaschine ist angebracht.
Im nächsten Jahr werden in Versailles die Friedensverträge unterschrieben; in Flims fusionieren Winter- und Sommerkurverein. In Indien entfacht Gandhi die passive Revolution, in München präsentiert Hitler sich selbst und sein Naziprogramm und Vorarlberg möchte gern Schweizer Kanton werden, was ihm die Siegermächte jedoch verweigern. Carl Spitteler erhält den Nobelpreis für Literatur und Eduard Bezzola die Direktion des Hotels Cresta Palace in Celerina, also zum Sommerhotel ein Winterhotel.
In der Villa Silvana führt ein Kurzschluß zu einem Dachstockbrand, der auch einige Gästezimmer verwüstet. Die Versicherung zahlt, und zudem steht dem Betrieb für solche Fälle der öffentliche Kredit für Notstandsarbeiten offen.
Die deutsche Mark kommt ins Rutschen, nein, sie rutscht schon – wer ahnt wie weit! Jedenfalls ist die Gelegenheit günstig, eine Großwaschmaschine aus Deutschland zu importieren. Sie kostet 26 000 DM, was 2000 Schweizerfranken ausmacht. Da war das Butterpaket doch wesentlich teurer ...

1920 Endlich sind alle Friedensverträge unter Dach. In Genf steht der von Le Corbusier erbaute Friedenspalast des Völkerbundes, und die Schweiz ist nun geschätztes Mitglied, nachdem ihre Neutralität ausdrücklich anerkannt und ihr verschiedene Privilegien eingeräumt wurden.

Das erste Postauto fährt nach Flims. Dies bei der Bündnerregierung zu erreichen, war gar nicht einfach, denn das Bündnervolk will die Automobile, diese Teufelskisten, in seiner Gegend nicht dulden. Die Autos stinken, wird stur behauptet, sie lärmen und geben giftige «Dünste» von sich (will heute etwa jemand das Gegenteil behaupten?), sie bringen Krankheit und Viehsterben (sogar darüber kann man sich heute wieder streiten!). Pro und Kontra liegen sich in den Haaren, aber das Automobilzeitalter ist im Kommen – nicht einmal die Bündner können es aufhalten. Zwar bleibt der Personenautoverkehr vorläufig noch verboten, denn die Barrikade aus Vorurteil und Aberglauben kann von den Fortschrittlichen nicht einfach umgerannt, sondern nur langsam unterhöhlt werden. Was durch diese Unterhöhlung später erblüht und verwelkt, hätte wohl niemand gedacht!
Jetzt aber fährt in den Sommermonaten das Postauto, «car alpin» genannt, mit offenem Verdeck und Polstersitzen für 18 Personen, von der Jugend bestaunt und von den Fuhrhaltern bespuckt.
Max Baiter kauft sich in Fidaz eine Villa, die er als Pension betreibt und später zum bekannten Kurhaus Fidaz umbaut. An seine Stelle im Hotel Segnes tritt Direktor Zaugg.
Im nächsten Jahr kauft Eduard Bezzola in Meran, im Südtirol, das Hotel Savoy, gibt aber zugleich die Direktion des Cresta Palace auf, denn gleich drei Hotels nebeneinander zu führen, wäre des Guten zu viel. Sie sehen, die Wirtschaft treibt wieder Knospen – man muß sich für die besseren Zeiten rüsten und investiert. Das heißt, wer kann! Jedoch ein großer Teil der Schweizer Hotellerie liegt in Agonie. Das Wiederbelebungselixier wird vom Schweizerischen Hotelierverein zusammen mit dem Bund gespendet: die Schweizer Hoteltreuhandgesellschaft. Sie verschafft Subventionen und verhilft zu billigen Krediten. Die Kur- und Seebadanstalt baut nun gleich 25 Bäder und zieht Leitungen für fließendes Wasser in die Zimmer. Logischerweise steigen die Versicherungsprämien massiv. Nur das Passivkonto ist nicht kleinzukriegen.

Sommerliche Waldhäuser mit Unterwaldhaus. Im Hintergrund das sich ausbreitende Dorf Flims.

1922 *In der Türkei wird der Sultan abgesetzt; in Italien kommt Mussolini an die Macht; in Rapallo unterschreiben Deutschland und Rußland einen Vertrag.*

In Flims wird die Kur- und Seebadanstalt saniert. Das geschwollene Passivkonto verlangt einen Eingriff. Nachdem die Gesellschaft während der ganzen Kriegszeit die fünf Prozent Zins ihrer Obligationen bezahlt hat, werden diese nun zu einem variablen Zinsfuß prolongiert. Bei den Aktien jedoch wird eine Amputation vorgenommen: der Nominalwert von 2500 Franken wird auf 1500 Franken gesenkt; so kann der Passivsaldo getilgt werden. Welch ein Aufatmen im Verwaltungsrat! Etliche Hotels sind an den Folgen des Krieges gestorben und viele in die Hände der Banken geraten, aber die Räte der Kur- und Seebadanstalt haben ihr Schifflein gut durch den Sturm gesteuert.

Die Post zieht wieder um, und zwar in die Villa Erica, wo im Untergeschoß Garagen für die Postautos gebaut werden. Die ehemaligen Postlokale im Hotel Segnes werden in ein großes Restaurant umgebaut.

Der Sanierungsaktion folgt eine Statutenrevision auf den Fersen. Sie tritt 1923 zusammen mit einer Namensänderung in Kraft. Man hat sich von der «Anstalt» getrennt, denn wie so vieles im Laufe der Zeit hat auch sie sich spezialisiert. Von nun an heißt die Gesellschaft: Kurhotels und Seebad AG. Das Luxushotel wird Park Hotel Waldhaus genannt, dem Hotel Segnes wird noch die Post angehängt und das Posthotel ist zum Hotel Bellavista geworden.

Auch die Welt hat sich geändert: man hat das goldene Zeitalter der Monarchie beerdigt. Vorhang! Was bringt der nächste Akt?

HOFFNUNGEN

1925 Hitler veröffentlicht «Mein Kampf». Hindenburg wird deutscher Reichspräsident. Aus Kristiania wird Oslo.

Roman Bezzola entschließt sich für die Hotelierlaufbahn. – Bisher blieb unerwähnt, daß das Ehepaar Bezzola zwei Kinder hat, einen Sohn Roman und eine etwas jüngere Tochter Silvia. Der Sohn ist nun 20 Jahre alt und wollte bis anhin Chirurg werden, doch da kam der Tag, an dem folgendes geschah:
Der hochwohlgeborene türkische Pascha, momentan anspruchsvollster Gast im Park Hotel, ist ein arger Personalschinder; nichts kann ihm recht gemacht werden. Zum x-ten Mal hat er unbegründete Reklamationen anzubringen und verlangt den Generaldirektor; dieser kommt, hört und spricht: «Exzellenz, wir sind hier nicht in der Türkei, und ich dulde es nicht, wenn meine Angestellten sinnlos schikaniert werden! Da Sie nun in unserem Haus anscheinend nicht glücklich sind, möchte ich Ihnen höflich empfehlen, sich einen anderen Aufenthalt zu suchen. Leben Sie wohl, Exzellenz!» – machte eine Kehrtwendung und entschwand. Einer der staunenden Zeugen dieser Episode ist der Sohn des Generaldirektors, der alsobald seinem Vater bekennt: «Wenn man einen widerlichen Gast hinausschmeißen darf, werde ich doch Hotelier!» So wurde der Verlust eines Paschas zum Gewinn eines Hoteliers.
Die Zukunft erscheint verheißungsvoll, und dieses Jahr kann die Gesellschaft erstmals wieder eine Dividende von $4^{1}/_{2}$ Prozent ausschütten, das heißt, sie könnte. Die weisen Aktionäre jedoch verzichten darauf, um mit diesem Geld die ausgehöhlten Reservefonds wieder um ein Weniges aufzufüllen. – Man ist dem Glück gegenüber mißtrauisch geworden. – Zudem soll wieder einmal gebaut werden, und zwar Garagen für Personenautos. Die Bündner Autogegner werden ihre Front nicht mehr lange halten können, und man will doch gerüstet sein im Moment der Invasion! Auch sind unterhalb der Villa Silvana drei neue Tennisplätze im Bau, und die Installation des fließenden Wassers wird in allen Zimmern durchgeführt.

Ein Golfplatz her, ein Golfplatz her! Die steilen Abhänge von St. Niklaus und jene beim ehemaligen Elektrizitätswerk werden dazu hergerichtet. Eine Gewaltlösung, die abenteuerliches Golfspiel erlaubt, sozusagen mit Steigeisen – und deshalb auch nicht lange währt.
Doch das Jahr 1926 bringt einen starken Rückschlag. Deutschland leidet unter der Wirtschaftskrise, in Frankreich stürzt der Franc, die Italiener dürfen nicht ausreisen und in England wird gestreikt. Wie soll man da in der Schweiz die Hotels füllen? Ein Tiefpunkt im Fremdenverkehr ist die Folge.
In Flims aber baut die Kurhotels und Seebad AG trotz allem die Garage für 20 Autos und darauf ein Stockwerk mit Chauffeurzimmern. Nur ausgeprägte «Sportsmen» lenken ihre Wagen selber! So werden demnächst Chauffeure den Platz der verschwindenden Zofen im Couriersaal einnehmen.
Eine Postautoverbindung für den Winter ist unbedingt nötig. Deshalb reist Eduard Bezzola als Gesandter des Kurvereins zum Bundesrat nach Bern, und es gelingt ihm in drei Anläufen, das Winterpostauto zugesichert zu bekommen. Große Zufriedenheit, denn es wurde für den kommenden Winter ein Vertrag mit einem englischen Reisebüro abgeschlossen, um die Hotels Segnes und Bellavista mit Wintersportlern zu füllen. Für diese zwei Häuser muß auch eine neue Direktion gefunden werden, denn Direktor Zaugg hat das Hotel National in Flims gekauft, und Walter Russenberger senior ist krankheitshalber ausgeschieden. Vorerst steckt man diese beiden Hotels unter einen Hut, das heißt, das Direktionsehepaar Scheiner-Müller ist für beide Häuser verantwortlich.

1927 Tschiang Kai-schek übernimmt die Macht in China; Lindbergh überfliegt den Atlantik; das Schweizer Volk stimmt positiv für das Straßengesetz des Personenautoverkehrs.

Das Park Hotel feiert seinen fünfzigsten Geburtstag. Ein ereignisreiches Jahr für die Gesellschaft. War die letztjährige Saison ein Tiefpunkt, so ist die diesjährige ein Höhepunkt. Erstmals rattern Privatautos über die kurvenreichen, engen, staubigen Straßen Bündens und beleben die Kurorte. Das Jubiläum kann in Hochstimmung begangen werden, und die Festredner loben die klugen, leitenden Köpfe und das angebrochene Automobilzeitalter in blumigen Worten. Betreffend Wintersaison allerdings läßt sich ein Redner zu weniger enthusiastischen Prognosen hinreißen und meint: «Es ist unmöglich, aus Flims einen mondänen Winterkurort zu machen!» Ein anderer stellt die «Winteridee» als völlig abstrus dar und bezeichnet deren Befürworter als «Totengräber der Kurhotels und Seebad AG»! Der würde aber staunen heute! Um die nun fünfzigjährige Geschichte zu belegen, wird eine kleine Festschrift herausgegeben. Das Jubeljahr der Gesellschaft ist zugleich ein Jubeljahr für deren Präsidenten, der dies zum Anlaß nimmt, jubelnd zurückzutreten. Dreißig Jahre sind eine lange Zeit, und diese Zeit war vielfach alles andere als rosig, so kann man ihm jetzt einen glanzvollen Abgang herzlich gönnen, auch wenn er ein Jahr vor Ablauf der Amtszeit stattfindet. Der Vizepräsident kann jetzt gleich seine Fähigkeiten unter Beweis stellen – so weiß man gleich, woran man ist bei den Wahlen. Ein mutiger, umsichtiger Mann, ein weiser Präsident verläßt die Gesellschaft, nun erwartet man das Beste von seinem Nachfolger.

Für die Hotels Segnes und Bellavista muß schon wieder eine neue Direktion gesucht werden. Man hofft auf mehr Glück bei der Anstellung von Hans Müller aus Leuk.

Die alljährliche Bauerei konzentriert sich dieses Jahr auf die Bar, welche wegen zunehmender Beliebtheit vergrößert und mit einem nun so modernen Dancing ausgerüstet wird. Dort sitzen sie nun, die Gäste, auf hohem Hocker, schlürfen amerikanische Cocktails und saugen an ellenlangen Zigarettenspitzen. Oder sie tanzen beineschlenkernd den «Charleston» in fleischfarbenem Strumpf und Stöckelschuh, mit Schlenkerkette und im kniekurzen Faltenröcklein, die Herren im langen Sakko und mit pomadisiertem Haar. Ach, und der Eintänzer, der vom Hotel angestellte Mauerblümchen-Betanzer, wie ist er so vielbegehrt von bunter Damenschar, die ihn schmachtenden, dunkelumrandeten Blickes erwartet, wenn das Orchester «Regentropfen» oder «Donna Clara» saxophont!

Seit dem Krieg hat man sich endgültig der einengenden, langen Kleiderpracht entledigt. Bewegungsfreiheit fördert die Sportlichkeit – auch Autofahren ist Sport; in Staubmänteln gehüllt, mit Brille und

Kappe, ist er zunächst ein Privileg der Begüterten, wie Tennis und Golf ist er der High Society reserviert. Bergsteigen und Baden jedoch ist Volkssport, auch Velofahren und das Skifahren erfreuen sich immer größerer Beliebtheit. Dafür ist die Kurarztpraxis eingeschlafen – denn ein sportlicher Körper leidet weniger unter Verstopfung! An schönen Tagen herrscht reger Betrieb am Caumasee. Wer kann, schwimmt weite Strecken oder beteiligt sich am Kunstspringen, sei's vom Sprungbrett oder gar vom Dach der Badeanstalt. Für Unkundige steht ein Schwimmlehrer zur Verfügung. Auf der Wiese der Halbinsel kann jedermann an den Turnstunden einer Gymnastiklehrerin teilnehmen! Die Gäste baden am Vormittag, weil es so Mode ist, und am Nachmittag tummeln sich die Einheimischen gratis in den Fluten. Um den Leuten ein verlockendes Ausflugsziel zu bieten, läßt man das Hotelorchester beim Seerestaurant zur Teezeit konzertieren. Eigens dafür wurde ein Klavier hinunter transportiert, welches nach Schluß der Darbietung säuberlich in einen extra konstruierten, wetterfesten Kistenverschlag geschlossen wird, der zwar nicht verhindern kann, daß im August das Instrument nach «schrägem Otto» tönt. Aber der Zweck, den Gästen etwas zu bieten und so nebenbei das Restaurant rentabler zu gestalten, wird trotzdem erfüllt. – Und schon gibt es Flüsterstimmen im Dorf: hat die Gemeinde nicht einen Fehler gemacht, der Gesellschaft die Alleinrechte zu geben? Arme Neider, sie sehen nur die Sonnentage – sollen sie doch einmal die Regentage zählen in all den Jahren!
Im internen Hotelbetrieb hat sich einiges geändert. Wenn auch die langen Menu-Episteln der Vorkriegszeit verschwunden sind, so wurde deshalb die Arbeit der Köche nicht vereinfacht, denn die Ansprüche der Gäste wachsen ständig und mit ihnen die «Extrawürste». Der Küchenchef befehligt immer noch eine Brigade von zirka 25 Köchen, obwohl Apparate und Maschinen die Arbeit vereinfachen. Der Grund heißt Sozialisierung: mehr Lohn, weniger Arbeitszeit. Deshalb steht auch eine Abwaschmaschine im Office. Im Speisesaal werden die Saaltöchter durch Kellner (die schon damals größtenteils Italiener waren) abgelöst – das gehört sich so, neuerdings, für ein Erstklaßhotel. Auch wird die Table d'Hôte aufgehoben. Nun dürfen die Gäste von 12 bis 15 Uhr und von 19 bis 21 Uhr nach Belieben

zum Mahle schreiten. Die Angestelltenbeschaffung ist nicht schwierig. Der Küchenchef und der Oberkellner, jahretreue Spitzenkräfte, besorgen sich ihre Helfer selbst und reisen mit ihrer «Crew» von Saison zu Saison. Überhaupt hat man einen großen Stab bewährter, jede Saison wiederkehrender Leute mit Fachkenntnissen (wohlgemerkt!), die bereits die Tücken und Mucken von Hotel, Vorgesetzten und Gästen bestens kennen, zur Hand. Steigen die Löhne, so steigt der Pensionspreis, er beträgt nun 18 Franken minimal. Das Wort «minimal» verdankt man der «Vereinigung zur Hebung der Hotellerie», welche dem Park Hotel schon seit 1924 Vorschriften machte.

1928 In St. Moritz werden die olympischen Winterspiele abgehalten.

Gustav Lorenz wird Präsident der Kurhotels und Seebad AG. Also hat das Probejahr bestätigt, was man von dem Manne hielt! In seinen vier Jahren als Verwaltungsrat bewies er schon besondere Einfühlungsgabe in die Probleme der Hotellerie. Neuerdings wird diese Gabe auch in landwirtschaftlichen Bereichen verlangt, denn der Pachtvertrag dieses Nebenbetriebes ist gekündigt worden. Somit erscheinen Milchverkauf, Jaucheleitungen und Schweinehaltung wieder auf der verwaltungsrätlichen Traktandenliste. Erstens muß jetzt ein Oberknecht gesucht werden. Zweitens muß der Schweinestall umgebaut werden, damit die daraus wehenden Düfte den dezenten Benzingeruch der nahegelegenen Garage nicht überdecken und folglich die Chauffeure aus ihren Zimmern vertreiben. Für die Autos selbst wird auch etwas getan: sie bekommen alle eine Spezial-Brandversicherung. – Damit es dem Verwaltungsrat etwas leichter wird, findet sich ein Käufer für die Sägerei.

1929 Stalin macht sich zum Alleinherrscher in Rußland. Der Börsenkrach in New York führt zur amerikanischen Wirtschaftskrise.

Der erste Akt dieses Dramas spielt vorerst jenseits des großen Wassers; hier in der Schweiz wird noch hoch gelebt, und diese sowie die folgende Saison in Flims bringen Höchstfrequenzen.

Im Hotel Segnes haben die Zimmer nun auch fließendes Wasser, dazu werden einige Bäder eingebaut. Im Winter soll endlich wieder eröffnet werden. Durch den Konjunkturaufschwung hat Direktor Müller mit dem Segnes vollauf zu tun, so daß für das Hotel Bellavista eine eigene Direktion angestellt wird, das Ehepaar Dettwyler. Mehr Bäder, mehr Wasser vonnöten; es wird ein zusätzliches Reservoir gebaut. Mehr Autos, mehr Garagenraum wird verlangt, also wird erweitert, so daß jetzt 50 Autos eingestellt werden können. Noch rentiert zwar die Wintersaison nicht, aber man glaubt fest an eine bessere Zukunft und baut vor. Die Villa Erica erhält eine Zentralheizung, der Kurort eine Sprungschanze, somit können nordische Skidisziplinen durchgeführt werden. (Die Schanze ist heute noch zu sehen in der steilen Waldschneise am Nordhang über dem Prau Tuleritgsee.) Eisplatz, Curling-Rink (beim Hotel Surselva) und eine Schlittelbahn ins Unterwaldhaus bestehen bereits. Die deutsche Studentenvereinigung Brecht-Bergen erwählt Flims für ihre Ski-Exkursionen und das Casino für ihr Lager, das durch primitive Holzöfen beheizt wird. In jahrelanger Treue helfen diese jungen Leute mit, den Flimser Winter zu propagieren.
Für den Sommer werden im Park vor dem Casino Erdverschiebungen vorgenommen, es entsteht eine «Luxus-Gartenwirtschaft». Von nun an kann man sich den Café unter schattenspendenden Kastanienbäumen servieren lassen und sich beim Nachmittagstee zu rhythmischen Orchesterklängen auf dem im Rasen eingelassenen Tanzboden drehen. In lauen Nächten genießt man dort die Romantik eines Sommernachtsballes im Schimmer von Lampions. Plötzliche Gewitter jedoch bereiten der heiteren Geselligkeit oft ein Ende in Hektik, und der Herr Ober wird zum Admiral, befehligt eine Wasserschlacht und ruiniert seine Nerven.
Aber auch die Herren Räte tragen Schlachten aus – Finanzschlachten – denn wieder ist eine Rückzahlung von Obligationen fällig, und die Kassen sind leer. Reparaturen, Renovationen und Erweiterungen fraßen die ersten Gewinne auf, und dazu hat man noch diese und jene Pläne für die Zukunft ... So wird den Obligationären nahegelegt, ihre Papiere in Aktien umzuwandeln, was denn auch die meisten tun. Die Zeiten sind ja hoffnungsvoll – noch sind sie es.
Im Sommer 1930 können Eduard und Clara Bezzola ihr erstes Vier-

teljahrhundert im Dienste der Gesellschaft feiern. Hoch sollen sie leben! Sie haben gut geschaltet und weise verwaltet, immer im Interesse von Hotels und Kurort. Sie freuen sich nun sehr, in ihre neue Wohnung einzuziehen, die Eduard Bezzola finanziert und Clara Bezzola mit ihrem großen Talent für Innenarchitektur geplant hat und über der Hydrotherapie aufbauen ließ. Sohn Roman hat im In- und Ausland seine Sporen als junger Hotelier abverdient und arbeitet nun an der Seite seines Vaters. Für Tochter Silvia ist die Hotelarbeit Abwechslung zu ihrem Beruf einer Kunstweberin.

Da soeben von Stockwerken die Rede war: auch die Wäscherei kommt zu einem Aufbau; nicht nur die Direktion soll eine neue Wohnung erhalten, sondern auch Gärtner und Schreiner. Und damit bei der Bescherung das Hotel Segnes nicht zu kurz kommt, wird ihm gleich ein ganzes Haus gekauft. Einige Betten mehr sind für dieses Hotel sehr von Vorteil, und so entschließt man sich – nach langem Erbengeplänkel – die Villa Bader zu kaufen. Wohl ist sie preisgünstig, aber auch ein bißchen baufällig. Anderseits ist die Lage günstig: an der Hauptstraße schräg gegenüber dem Hotel, und außerdem bietet sie im Parterre zwei Ladenlokale. Die Villa wird nun als Dependance eingerichtet und umgetauft in den Wohlklang «Badus» (mit Betonung auf u, bitte!). Die Zimmer jedoch stoßen bei den Segnes-Gästen nicht auf Begeisterung und werden bald wieder in Wohnungen zurückverwandelt.

Die Autos wirbeln in jeder Hinsicht viel Staub auf – dem wirklichen muß begegnet werden! Die Zufahrtsstraße zum Park Hotel erhält einen Teer-Beton-Belag, und voriges Jahr wurde der Gemeindestraße vom Waldhaus bis zum Dorf dieselbe Behandlung verabfolgt. Der Postplatz vor dem Hotel Segnes hätte dies auch nötig. Es ist ein öffentlicher Platz, und somit sollte die Gemeinde den Großteil daran bezahlen, doch da die Gemeinderäte nicht im Hotel Segnes wohnen und somit keinen Staub in ihren Betten haben, weigern sie sich, das teure Pflaster zu bezahlen! Erst nach langen diplomatischen Unterhandlungen berappen sie einen Kleinteil, während Kurverein und Gesellschaft den Großteil übernehmen. Dafür wälzt der Gemeinderat nun tatsächlich den Caumasee-Vertrag und zerpflückt die Konzessionsklausel. Ein ausgiebiges Hin- und Hergeschreibe nimmt seinen Anfang!

1906: das große Bauvorhaben der Kur- und Seebadanstalt ist beendet. Casino und Villa Silvana, im Hintergrund das vergrößerte Kurhaus.

Sportliche Betätigung um die Jahrhundertwende.

Das «Fitness-Center» der damaligen Zeit, genannt Luftbad.

1906: Kurhaus und Wandelgänge. Im Vordergrund das Rondell, wo der Gong die Gäste zur «Table d'Hôte» rief.

Das 1904 neueröffnete Casino und die Wettersäule.

Bar und Speisesaal im Casino um 1920.

Die ehemalige Kaffee- und Frühstücksterrasse im Casino, heute ein modernes Hallen-Gartenbad.

Die Restaurant-Terrasse um 1910 und der Umbau von 1931.

In Italien bemüht sich der Duce, das Land in seinen Griff zu bekommen. Allenthalben geschieht Unvorhergesehenes. Wieso erhalten die italienischen Wäscherinnen plötzlich keinen Paß mehr? Ebenso plötzlich muß deshalb eine zweite Waschmaschine gekauft werden.

1931 Die Japaner besetzen die Mandschurei. Professor Piccard läßt seinen Ballon in die Stratosphäre steigen.

Die schönsten Hoffnungen jedoch fallen in sich zusammen, denn die Krise kriecht nun auch in die Schweiz. Schon letztes Jahr stieg die Zahl der Arbeitslosen, und jetzt klettert sie höher und höher. In Deutschland ist die Lage prekär, eine Notstandsverordnung drosselt die Auslandsreisen, und die Schweizer Hoteliers haben das Nachsehen. Kurzentschlossen rührt die Kurhotels und Seebad AG ihre Werbetrommel in Frankreich und Italien und hat Erfolg. Aber die Saison bleibt trotzdem lamentabel. Die Verwaltungsräte beißen die Zähne zusammen und führen ihr geplantes Bauvorhaben durch. Das nennt man Mut! Die neue, im Halbbogen geschwungene Restaurantterrasse mit der vollständig versenkbaren Fensterfront und Aussicht auf die herrliche Bergwelt wird ein Riesenerfolg. Das ehemalige «Restaurant à part» ist zum gediegenen Aufenthaltsraum geworden, der in seiner zeitlosen Eleganz später jahrzehntelang als Bridge-Room seinen Dienst tut.

Da die Gemeinde Flims die alleinige Bestimmung über das Elektrizitätswerk will, kauft sie die Aktien der Gesellschaft zurück; diese gibt sie willig, denn das Geld ist knapp und die Sorgen reichlich. Die «Seefrage» ist noch nicht gelöst. Die Gemeinde läßt ein Gutachten vornehmen, und nun werden beiderseits laufend neue Vertragsentwürfe vorgelegt. Man trägt sich sogar mit dem Gedanken, eine selbständige «Seebad AG» zu gründen, denn für die Zukunft sind mancherlei Verbesserungen auf dem Programm, und die Frage der Zufahrt muß auch gelöst – und finanziert werden. Die Gesellschaft schlägt die Errichtung einer Standseilbahn vor.

Unter internen Mutationen gibt es folgendes zu melden: Roman Bezzola wechselt seinen Zivilstand. Für seine charmante, junge Frau Alice ist die Hotellerie noch vollständiges Neuland, doch dank Intelligenz und Wendigkeit verdaut sie die täglichen, mit Fachausdrük-

ken gewürzten Tatsachen recht gut. Ihrer Schwiegermutter erging es einst nicht anders: aus einem Hotel-Laien wurde eine sehr fähige Generaldirektorin.
Die nächste Saison ist miserabel. Das Hotel Bellavista wird erst gar nicht eröffnet. Es wurde so wenig Personal als möglich angestellt, aber auch dieses steht herum, hat Zeit zum Schwatzen und Rauchen. Die Direktion versucht dem Übel beizukommen, indem geeignete Leute zu Sonderarbeiten abberufen werden. Eine davon ist die Anfertigung von Papierkulissen zur Dekoration von Bar und Dancing. Als künstlerische Leiterin wird Silvia Bezzola nominiert, die nun ihr kunstgewerbliches Talent als phantasievolle Bühnenmalerin wirkungsvoll unter Beweis stellt. Um das Nachtleben anzukurbeln, wird das Lokal für ein bestimmtes «Sujet» ein- bis zweimal wöchentlich vollständig verwandelt (so à la Fasnachtsdekoration). Eine Riesenarbeit, aber der Erfolg ist durchschlagend. Unter dem Motto «Meeresgrund» tanzen Fische mit glänzenden Bäuchen den Wänden entlang, Meerjungfrauen räkeln sich, ein gigantischer Neptun thront, und von der Decke dringt schummriges Licht durch zellophanene Bläue. Oder «Im Dschungel», da turnen Affen durchs Geäst, Raubtiere zeigen, von geheimnisvollen Lampen beleuchtet, ihr bleckendes Gebiß, und Elefantenherden trampeln einher. Die «Hölle» ist wirklich makaber, da grinsen scheußliche Teufel, züngeln Flammen, und Stehlampen werden zu Geistern unter einer Decke von schwarzem Voile. Die Kulissen der «Nacht im Montmartre» stecken voller Pariser Witz und Pikanterie. Nicht zuletzt fundiert die große Beliebtheit dieses Abends in der Gelegenheit der Gäste, die «Demimonde» zu markieren! Noch jahrelang verzaubern diese papierenen Kunstwerke Bar und Dancing, werden bestaunt, bis sie nach ausgiebigem, zärtlichem Flicken und Kleben doch eines Tages gänzlich auseinanderfallen – doch bis dahin hat auch das Publikum sich gewandelt und begehrt der Irrealitäten nicht mehr. Jetzt aber freut man sich an solchen Sachen, und ein Ball ohne Dekoration, sei's Krepp-, Seiden- oder sonstiges Papiergeflitter, ist nicht auszudenken. Auch Kostümfeste sind ein Bestandteil der Unterhaltung; man treibt verkleideten Schabernack, wobei die Kostümierung ohne viel Aufwand, jedoch mit Witz und Erfindungsgabe bewältigt wird.
Endlich ist der Seevertrag unter Dach. Die Gesellschaft besitzt für

30 Jahre weiterhin das alleinige Nutzungsrecht für Bade- und Sportzwecke inklusive Fischerei, ist aber verpflichtet, die Anlage modern auszubauen. Ohne Kündigung wird der Vertrag stillschweigend von fünf zu fünf Jahren verlängert. Die Gemeinde erhält eine Abgabe pro Logiernacht, und die Einwohnerschaft von Flims darf weiterhin nachmittags unentgeltlich baden. Sofort werden nun diverse Verbesserungen in Angriff genommen, und es entstehen nach und nach große Planschbecken, Liegewiesen und eine Brücke zur Halbinsel. Beim Restaurant wird ein WC-Häuschen gebaut, und für Trinkwasser muß eine Extraleitung vom Val da Porcs bis zum See gezogen werden. Der größte Teil des Areals wird mit einem hohen Drahtzaun umgeben, denn die vielen Ausgaben verlangen Einnahmen. Als Kassier thront ein Flimser Lehrer in der Badeanstalt; er unterscheidet am besten zwischen einheimisch und fremd. Jährlich steckt die Gesellschaft viel Geld in das Seebad, erstellt Wege, pflanzt Büsche und Bäume, errichtet eine 50-Meter-Startbahn für Schwimmkonkurrenzen und baut beim Restaurant eine große Terrasse über dem Wasser. Nicht zu reden von den jeweiligen Frühlingsreparaturen: Dach- und Bassineinstürze infolge Schneelast, lecke Schwimmtanks, zertrümmerte Fensterscheiben usw., usw., und die Pflege der Boote natürlich. Nur die Standseilbahn kann noch nicht gebaut werden, krisenhalber fehlt das Geld.

Ein unternehmungslustiger Pädagoge will in Flims ein Knabeninstitut gründen. Die AG Kurhotels unterstützt das Vorhaben mit einer Bürgschaft, wohl wissend, was ein gutgeführtes Institut für einen Kurort bedeutet.

An den Wintersaisons wird mit Idealismus gearbeitet: eine private Skischule ist eröffnet, und auf dem Crap Sogn Gion steht eine Schutzhütte für die Tourenfahrer bereit. Der Skiclub buhlt um die Durchführung großer Skirennen und sonnt sich im Erfolg des ersten 50-km-Langlaufs. Als Reklame-Gag wird ein Winterfilm gedreht: «Flimmerndes Flims», wofür der Kurverein eigens eine Kamera angeschafft hat, und da der Photograph in der Propagandakommission dieses Vereins sitzt, hat er die beste Voraussetzung zum motivierten Kameramann; sein Assistent ist der Skischulleiter, und somit muß das Werk ja gelingen!

Die Leute haben Zeit zum Studieren und Diskutieren, deshalb flakkert auch das Bahnprojekt Reichenau–Flims wieder auf. Aber die Stimmen verstummen wieder, als zwei Jahre später der direkte Postkurs Chur-Flims eingesetzt wird.

1933   Hitler wird Reichskanzler, und Deutschland befindet sich in nationaler Euphorie.

Der Führer beschäftigt die Arbeitslosen durch rege Bautätigkeit, und die Schornsteine im Ruhrgebiet qualmen Tag und Nacht. Die Industrie wird gewaltig angeheizt, oder wird etwa gerüstet? Bah, das denken nur die Pessimisten! Hitlers Gegenstück in Italien legt ebenfalls Prachtsstraßen und Prunkbauten an – hier Faschisten, dort Nationalsozialisten. Was hält die Schweiz davon? Teils dies und teils das, einige finden die Aktionen der nachbarlichen Diktatoren vorbildlich, andere aber spitzen mißtrauisch die Ohren und wittern Gefahr. Vor allem aber ist man mit sich selbst beschäftigt, denn die Arbeitslosigkeit steigt beängstigend. Da der Schweizerfranken zu teuer geworden ist, stoppen der Export und der Gästeimport, die Kurorte stehen leer. Der Bundesrat versucht auf seine Weise der Krise beizukommen und erläßt Schutzzölle gegen ausländische Konkurrenz, Bewilligungspflicht für Neubetriebe und ein Filialverbot. Unter dem Volk herrscht arge Existenzangst, der Einzelne flüchtet in Verbände und Vereine, um vom Staat defensiven Wirtschaftsschutz zu fordern. Ein Mann aus der Wirtschaft aber ist mutig, der Gründer der «Migros», Gottlieb Duttweiler, schafft das Unternehmen «Hotelplan», durch welches er bankrottkranken Hotels und Bergbahnen durch günstige Pauschalarrangements zu neuem Leben verhilft.

Für die Kurhotels und Seebad AG (nicht nur für sie) sind die Pauschalabkommen eine altbekannte Sache, nur ist sie gezwungen, sich an das Preisabkommen des Hoteliervereins zu halten. Doch die phantasievolle, risikofreudige Gesellschaft versucht dem Übel beizukommen mit dem Motto: «Mehr für denselben Preis» – und installiert das fließende Wasser auch in der Villa Erica.

Ganz sanft steigt die Kurve der Logiernächte wieder an, ganz unsanft winkt von ferne wieder eine Obligationenablösung. Dabei sind die Taschen der Gesellschaft so leer! Die Räte möchten die Rückzahlung stunden und verhandeln mit Hoteltreuhand und Bundesgericht – man soll ihnen nichts vorhalten können! – schließlich wird eine Obligationärsversammlung abgehalten, und diese beschließt, zur Erleichterung der Verwaltungsräte, eine Aufschiebung der Rückzahlung bis 1945. Dafür darf ein Vertreter der Obligationäre an den Sitzungen teilnehmen.

1935 Der Radarschirm wird entwickelt. Italien erobert Abessinien. In Graubünden wird die Julierpaßstraße für Autos ausgebaut, und in Davos läuft der erste Skilift.

In Flims wird Roman Bezzola die Direktion des Park Hotels übertragen. Glauben Sie ja nicht an «Vetterliwirtschaft»! Sein tatenreicher Enthusiasmus für Hotel und Kurort wurde nicht nur vom Vater gefördert, sondern auch vom Verwaltungsrat geschätzt und nun mit dem Direktorentitel belohnt. Um den Titel zwar schert sich Bezzola junior nicht, wesentlich ist ihm das Betätigungsfeld, das ihm nun Zeus-Vater mit losem Zügel überläßt. Dieser findet nun Zeit, sich dem immer komplexer werdenden Betrieb im großen zu widmen und vielleicht auch seine Studien und Förderungen des Rätoromanischen intensiver zu betreiben.
Mit Deutschland kam ein Reiseabkommen zustande, und siehe, die Gästezahl nimmt erfreulich zu, eigentlich unerwartet. Im Park Hotel beginnt ein Laufen, Disponieren, Organisieren, denn aus Spargründen hat man so wenig Personal als möglich angestellt. Nun steckt jeder bis zum Hals in der Arbeit, und die Direktion erledigt neben ihrem regulären Soll noch allerlei Zusätzliches: Geschirrtrocknen, Servieren, Dekorieren, Kaffeekochen und so weiter und so fort. Bezzola junior holt sich seinen jungen Schwager, seines Zeichens Student, zu Hilfe und übernimmt mit ihm eine Servicestation im Restaurant. Ersterer holt sich dabei eine Dauerheiserkeit, denn schöpfend und zerteilend muß er ständig Red und Antwort stehen über Kurort- und andere Fragen; der Zweite steckt seine blasenschmerzenden Füße in Kneippsandalen und zieht die Mokkalöffel unter erstauntem Gästeblick direkt aus der Jackettasche, weil es ja schließlich alle Kellner so machen – aber natürlich nicht vor den Gästen!

Es hat mehr Gäste als Tassen im Schrank. Es ist Not an Wäsche, Not an Silber, an Tellern und Gläsern. In den letzten Jahren wurde nichts Neues mehr angeschafft, denn sparen hieß es, sparen. Dabei geht jährlich so und so viel in die Brüche – bedienen Sie einmal 350 Gäste mit 300 Tellern! Da wird Organisation zu Improvisation, und das Ganze nennt man im Fachjargon «Schwimmfest». Nicht nur die Arbeit treibt den Schweiß aus den Poren, auch die Hitze, denn der Sommer ist prächtig und heiß wie selten. Am Caumasee herrscht Hochbetrieb, am liebsten würde man den ganzen Tag im kühlen Naß verbringen, allein das Mittagessen ruft die meisten Kurgäste in die Hotels zurück. Wenn nur dieser beschwerliche Aufstieg nicht wäre, der einem die schöne Frische gleich wieder raubt! Da bietet, für seine Erstklaßgäste, das Park Hotel eine erstklassige Lösung:

Geschleppt und getragen
in Körben und Kisten
hinein in den Leiterwagen.
Daneben der Ober mit Listen,
denn es soll an nichts fehlen.

Geschirr und Besteck
für komplettes Gedeck,
und all die Töpfe voll Speisen,
die gehen nun auf Reisen.

Es zieht das Roß mit Hopp und Hee,
die Suppe schwappt, die Glace rinnt,
doch irgendwie kommt man zum See.
Bringt Trockeneis, geschwind!

Im Handumdreh
steht das schönste Büffee!
Die Parkhotelgäste staunen,
die anderen Leute raunen
und fühlen das Wasser im Mund.

Der Generaldirektor schneidet Braten,
seine Frau steht bei den Salaten,
der Sohn kühlt dies und das mit Eis;
das Wetter ist auch gar so heiß!

Von Mädchen
in Röckchen grün-weiß kariert
wird die Gästeschar serviert.
Von Mädchen? Ach nein,
von Tochter und Schwiegertochter!

Bis 100 Personen werden auf diese Art «abgespeist», die weniger sportlichen bleiben im Hotelrestaurant. Das winzige Seerestaurant ist gerade gut genug, die Tranksame zu besorgen. Es verfügt über einen kühlen Felsenkeller und einen Holzherd für den Kaffee, dafür ist die Gerantin, als fröhlich-redegewandte «Margrit vom See», schon weitherum bekannt.
Silvia Bezzola hat im charmanten Chef-de-Réception, Ernst Scherz, den Mann ihres Lebens gefunden. Ihr gemeinsames, zukünftiges Schicksal wird das Palace Hotel in Gstaad, das durch sie zur «Super Nova» am Hotelhimmel wird.
Die Anzahl der Wintergäste im Hotel Segnes hat sich verdoppelt, ein Gewinn jedoch läßt sich noch nicht ernten. Auch das Grand Hotel Surselva eröffnet im Winter sowie vereinzelte der übrigen Hotels. Die sogenannte «Winterkommission» des Verkehrsvereins gibt eine Tourenkarte heraus, läßt für die Skiabfahrt die erste Waldschneise aushauen und führt das Bündner Verbandsskirennen durch. Alles, was Skis hat, hilft enthusiastisch mit beim «Pistentrampeln». So arbeiten einige Pioniere zäh und verbissen für die erfolgreichen Wintersaisons der nächsten Generation!

1936 In England herrscht nun König Georg VI., in Spanien Bürgerkrieg, in Rußland Stalins Säuberungswut.

Im Bündner Oberland haben sich einige Fälle von Kinderlähmung ereignet, zwar nicht in unmittelbarer Nähe von Flims. Für die Presse ist es eine Sensation, für den Kurort ein Schlag ins Genick. Die ansonst schon schlechten Saisonaussichten infolge wirtschaftlicher und politischer Krisen verblassen neben der Angst vor dieser Krankheit. Ergebnis: die schlechteste Frequenz seit 1915. Man hat also heuer wieder Zeit. Die Aktiven nutzen sie und schaffen einen neuen Golfplatz. Die Kurhotels und Seebad AG stellt den Boden zur Verfügung (die Wiesen neben dem heutigen Camping, Richtung Staderas), der Kurverein übernimmt die Anlage der Greens und Bunker und verpflichtet einen echt-englischen Golftrainer. Leider reicht es nur für neun Löcher, aber dennoch besser als nichts. Für nächstes Jahr hofft man auf golfende Gäste.

Eine andere aktive Gruppe trägt sich mit größeren Plänen für den Raum Flims. Es sind Kraftwerkbauer. Sie gelangen an den Gemeinderat mit der Bitte um Konzession zum Bau einer Hochdruckleitung «Vorab – Segnes – Flimserstein – Vorderrhein». Sicher, im Wasser steckt Kraft und Geld, am Flimser Wasser aber hängt der Fortbestand eines Kurortes, denn das Labyrinth des unterirdischen Syphonsystems, das von Quell- und Gletscherwasser gespiesen wird und noch kaum erforscht ist, garantiert für Seen und Bäche. Der Präsident der Gesellschaft, selbst hauptberuflich Kraftwerkingenieur, warnt eindringlich vor einer solchen Mammutanlage, und der Gemeinderat ist, Gott sei Dank, äußerst skeptisch. So dauert es nicht lange, und das Projekt wird abgelehnt. Noch mehr Aktivitäten: Die Segnespaßstraße steht auf dem Papier, und in Chur wird das Projekt eines Großflugplatzes gewälzt. – Staubwolken, die sich bald wieder setzen!

Im Herbst wird dann der Schweizerfranken abgewertet. Endlich! 124 000 Arbeitslose und leere Kurorte hegen wieder Hoffnung.

1937 Angriff Japans auf China. Die Achse Berlin–Rom wird gezogen.

Die Kurhotels und Seebad AG in Flims ist schwer krank. Um das Geschwür der Passiva auszutilgen, kommt das Kapital unters Messer. Es wird radikal operiert, zurück bleiben zwei Drittel gesundes Gewebe. Somit ist der Wert einer Aktie von 1500 auf 1000 Franken gesunken. Aber nur aus gesundem Holz sprießt neues Leben, und auf dieses hofft man eben! Trotz fernem Kanonendonner...

was fern ist, soll fern bleiben. Gibt es Krieg? Das deutsche Volk will nicht daran glauben, nicht daran denken. Und die anderen? Verschließen vielfach Aug und Ohr davor ... doch Wachsamkeit ist am Platz! Die Versuchung ist groß, sich von Deutschlands nationalem Aufschwung mitreißen zu lassen. Hat dieses Land doch die Arbeitslosigkeit überwunden und an sozialem Prestige gewonnen; was wird da nicht alles gebaut und entwickelt und mit Nonchalance sich angeeignet. Helle Köpfe sehen Mars den Säbel schleifen – doch recht viele Bürger lassen sich durch Hitlers Friedenspropaganda einlullen. Glücklicherweise steht an der Spitze des Schweizerischen Militärdepartementes ein kluger und tatkräftiger Mann, Bundesrat Minger. Er schürt des Schweizers Wehrwillen, organisiert die allfällige Verteidigung und bemüht sich mit weiteren Tapferen, sein Land vor deutschem Nationalsozialismus zu bewahren. Keine leichte Aufgabe!

In Flims rechnet man wieder mit einer besseren Sommersaison und beeilt sich, das Zufahrtsproblem zum Caumasee zu lösen. Roman Bezzola hat ganze Vorarbeit geleistet und kann ein ausgearbeitetes Projekt vorlegen. Die Aufzugfabrik Schlieren offeriert einen Schräglift. Damit kann der Steilhang bis zur oberen Seestraße überwunden werden, eine Höhendifferenz von 70 Metern wird bewältigt und eine Stundenförderung von 250 Personen geleistet. Die Anlage braucht wenig Personal und ist einfach im Unterhalt – kurz, die Lösung des Zubringerproblems hätte man – bis aufs liebe Geld! Zirka 60 000 Franken wird die Sache kosten. Wer hat schon Geld? Und wer hat, riskiert nicht gern. Banken? Wo denken Sie hin, die haben zu tun mit Kassieren und wollen nicht finanzieren. Die Gesellschaft kann ganze 3000 Franken übernehmen, und nach mühsamer Bettelei gelingt es Roman Bezzola, den Restbetrag durch Familie und Freunde zu decken. Es entsteht eine Genossenschaft, und innerhalb von drei Monaten steht der Lift fix und fertig zum Gebrauch. Er ist eine Besonderheit, denn in der Welt existieren nur zwei dieser Schräglifte, einer hier, den andern ließ sich König Faruk in Ägypten installieren.

Sommersaison – gut und schön, aber die «heiligen Hallen» stehen, mit wenigen Ausnahmen, acht Monate leer. Es muß versucht werden, eine richtige Wintersaison in Schwung zu bringen! Die Flimser

Winterverhältnisse sollen richtig geprüft und die zukünftigen Maßnahmen punkto Sport, Bahnen usw. studiert werden. Roman Bezzola stellt sich dafür zur Verfügung und verbringt von nun an den Winter mit seiner Familie in Flims. (Bisher führte er das Hotel Castel in Zuoz.) Nun tut sich was, und das Hotel Segnes wirft prompt seine ersten bescheidenen Gewinne in dieser Wintersaison ab. Die Schweizer Skischule kann auch in Flims einige brevetierte Lehrer bieten – einer davon ist Roman Bezzola. Zwar gibt es böse Mäuler, die behaupten, in Flims könne man doch nicht skifahren, es habe ja keinen Schnee und was es sonst noch an Sticheleien gibt... Nichts ist einfacher, als Pioniere zu verlachen, Suchende zu bewitzeln, Vorwärtsschreitenden Steine in den Weg zu legen – es zeugt von Dummheit. Oder gibt es Nachbarn, die Konkurrenz wittern?
Im nächsten Winter jedoch fährt bereits ein Vehikel in das Skigebiet von Foppa. Man profitiert von der Entwicklung militärischer Fahrzeuge, die einen Raupentraktorschlitten hervorgebracht hat, welcher sich für den Transport von Skifahrern recht gut zu eignen scheint. Die Gesellschaft hat sich an der Anschaffung dieses Fahrzeugs beteiligt, das nun von Flims-Dorf aus über den Alpweg nach Foppa rattert und die Sportler bis zum neu erbauten Blockhaus-Restaurant «Crap la Foppa» bringt. Wer will, kann mittels Seehundfellen weitere Höhen erklimmen oder im stiebenden Tiefschnee zu Tale sausen; Könner ziehen S-Kurven mit dem Telemark oder produzieren gar einen fachgerechten Kristiania. Bald erkennt man, daß es von Vorteil wäre, den Traktor auch im Waldhaus starten zu lassen und beschließt, einen Fahrweg hinter dem Casino hinauf nach Foppa zu bauen.
Eine holländische Mittelschule möchte gerne in Flims ein Lyceum Alpinum eröffnen und sieht sich nach einem geeigneten Bau um. Das Hotel Bellavista wäre gerade das Richtige. Zwar müßte der Hotelbetrieb geopfert werden – aber warum eigentlich nicht? Die Sache ist einen Einsatz wert, und die Gesellschaft entschließt sich, Heizung und fließendes Wasser in Hotel und Chalet einzubauen. Es wird ein Vertrag für vorläufig dreieinhalb Jahre abgeschlossen, und am 1. Januar 1939 beginnt der Schulbetrieb im «Lyceum Beatrix», nach hochoffizieller Einweihung.
Die Herren des Verwaltungsrates müssen sich wieder oft mit Fragen

der Landwirtschaft herumplagen. Schon vor Jahren ließ man ein Exposé ausarbeiten, woraus ersehen werden kann, daß die eigene Landwirtschaft in der jetzigen Form nicht rentieren kann und wird. Die Zeiten der Kuhhaltung zwecks Frischmilchgewinn sind vorbei, denn die Gemeinde verfügt über eine Milchzentrale. Wohl wurde das Land teilweise melioriert, um aber einen rentablen Viehbestand zu halten, muß noch Wiesland für teures Geld dazu gepachtet werden. Aber wer pachtet schon eine Berglandwirtschaft! Der Betrieb steht mit 100 000 Franken zu Buche, und Einnahmen und Ausgaben halten sich ziemlich die Waage, dabei wird aber kein Zins verrechnet, sonst gäbe es wohl eine traurige Bilanz. Wenn in der Landwirtschaft der Boß nicht selbst mitarbeitet, kommt sie nie auf einen grünen Zweig, und daß Präsident oder Direktor die Mistgabel schwingt, ist kaum denkbar! Also bleibt es beim alten, und also bleibt den Räten nichts anderes übrig, als seufzend die Durchführung der kantonalen Bestimmung über die Tuberkulose-Impfung des Rindviehbestandes anzuordnen... Man sollte sich gegen Landwirtschaftsfragen impfen lassen können!

Die Zeiten sind so-so-la-la, und man hofft und hofft auf bessere. Auch die Post, denn sie baut um, und im Parterre der Villa Erica entstehen zeitgemäße Schalterhallen mit allem, was dazugehört. Aber man wird ein ungutes Gefühl nicht los. Hitler hat Österreich unter seine Fuchtel genommen – oder hat sich Österreich selbst darunter gestellt? Was wird eigentlich gespielt in der hohen Politik? Ist die Sudetenkrise ein Auftakt zu neuem Krieg? Was würde geschehen mit der winzigen Schweiz? Kluge Köpfe sehen sich vor!

RINGSUM RAUCH UND TRÜMMER

Am Ostermontag des Jahres 1939 löst sich ein Felssturz vom Flimserstein und begräbt ein Kinderheim in Fidaz ob Flims unter sich. Elf Personen, fast alles Kinder, finden den Tod – bald wird die Welt wanken und Abertausende unter Trümmern begraben. Vorläufig aber nimmt eine passable Sommersaison ihren Anfang, trotz mißtrauischen Blicken hinauf zum Flimserstein und einem nationalen Pilgern nach Zürich zum Besuch der Landesausstellung und trotz des unüberhörbaren Hämmerns aus Ares Waffenschmiede. Das Lyceum Beatrix erlebt solch blühenden Aufschwung, daß das Schloßhotel dazu gemietet wird, als Mädchenpension. Nun trägt sich dieses Institut auch schon mit Erweiterungsgedanken; es soll gebaut werden. In Anbetracht der vielversprechenden holländischen Betriebsamkeit im Kurort stellt die Gemeinde dem Lyceum ein großes Stück Bauland gratis zur Verfügung.
Der Kurhotels und Seebad AG wurden die Tarschlimserquellen streitig gemacht, jetzt wird ein Prozeß aufgerollt und für lange Zeiten hin- und hergeschoben.
Im Park Hotel sitzt noch eine internationale Gästeschar. Darunter sind auch wieder Emigranten und Flüchtlinge, jene Mißtrauischen, welche ihre Schäfchen beizeiten ins Trockene gebracht haben. In den Schweizer Flüchtlingslagern harren die anderen, welche ihr nacktes Leben vor Hitlers Judenhaß und seiner extremen Politik retten konnten. Bald wird der Flüchtlingsstrom mehr und mehr anschwellen und droht die kleine Schweiz zu überfluten. Schreckliches wird geflüstert, aber die Angst vor dem bösen Nachbarn lähmt vielfach den Mut zur Hilfe, und die Grenztore werden später nur noch spaltbreit geöffnet.
Mitte August unterzeichnen Hitler und Stalin einen Nichtangriffspakt – ein Alarmzeichen für die meisten; Holländer und Belgier reisen eilends in ihre Heimat, die Schweizer Armee sendet einen Teil ihrer Truppen an die Grenzen, nur die Deutschen räkeln sich in den

Polsterstühlen der Hotelhalle und meinen lächelnd: «Unser Hitler macht doch keinen Krieg!» Am 30. August wählt der Bundesrat den General, diesmal einen welschen, Henri Guisan, gerade rechtzeitig.

1939 1. September: deutsche Truppen überrennen Polen.

Einfach so, ohne Voranmeldung! Ich hätte die Gesichter dieser «Hitler-macht-doch-keinen-Krieg-Sager» sehen wollen! Zwei Tage später erklären Frankreich und England Deutschland den Krieg. Will Hitler die Schweiz besetzen? Sollte sie ihm nützlich sein für seine Strategie gegen Frankreich? Die Schweizer Armee ist mobilisiert und auf das Schlimmste gefaßt.

In den Kurorten schließen verlassene Hoteliersfrauen verlassene Hotels. Auch Alice Bezzola steht inmitten der Putzerei mit einer zur Winzigkeit geschrumpften Mädchenschar und einem einzigen männlichen Gehilfen, seines Zeichens Portier und noch nicht einberufener Hilfsdienstler, wenigstens eine Manneskraft zum Heben und Schleppen schwerer Gegenstände. Und wie sie die großen Teppiche des Casinos reinigen und sorgfältig einrollen, tun sie es im Bewußtsein, daß vielleicht für Jahre Stille in diese Räume einkehren könnte. Diesmal rechnet man mit einem langen Krieg und sieht sich vor.

Als im Spätherbst Roman Bezzola zu einem Urlaub nach Hause kommt, setzt er sich erst einmal für Stunden ans Telefon. Danach ist sein gesamtes privates Bankvermögen zu einem eisernen Eßwarenvorrat für die Kurhotels geworden: Säcke mit Reis und Zucker, Ölkanister, Trockenfrüchte. Sein ganz besonderer Stolz ist ein großer Posten Sardinen- und Thonkonserven, das Kilo zu Fr. 3.50. Somit wird auch das Personal immer etwas zu essen haben. «Das ist aber ein teures Essen für das Personal!» meint der Buchhalter. – Er wird es nicht lange meinen!

Nicht nur der Einzelne hamstert, auch der Bund tätigt Einkäufe im Ausland, solange noch Waren zu kriegen sind. Zudem hat Friedrich Wahlen die Organisation der schweizerischen «Anbauschlacht» entworfen und Hermann Obrecht das Rationierungssystem. Auch eine Verdienstausfallentschädigung für Wehrmänner ist geschaffen. Man hat Lehren aus dem letzten Krieg gezogen, man ist pessimistisch und sucht mit aller diplomatischen Kraft die Neutralität zu wahren.

1940 Die Deutsche Wehrmacht besetzt Dänemark, Norwegen, Holland und Belgien, sie marschiert in Paris ein – Sieg über Sieg für Hitler. Rußland sichert sich Finnland, Italien überfällt Albanien. Churchill wird Premierminister. Es werden eingesetzt: die ersten Radarschirme, die erste Penicillinspritze und die Vichy-Regierung.

Die Schweiz ist von kriegführenden Mächten eingekreist. Wäre eine Verteidigung überhaupt möglich? Nach einem halben Jahr des Großalarms wird ein Teil der Armee demobilisiert, denn was wäre die Schweiz ohne ihre Wirtschaft, und die Wirtschaft braucht Männer, auch die Landwirtschaft. Oder sollte der Bundesrat die weiche Welle eingeschaltet haben? Anpassung ans Deutsche Reich? Natürlich hat es Leute, die gern kräftig mit ins «Sieg-Heil-Gebrüll» einstimmen würden oder es sogar tun. Unsicherheit und Mißmut schwelt im Volk. Da aber ruft der General seine Offiziere zum eindrücklichen Rütli-Rapport und sagt den Anpassern den Kampf an. Von nun an wird eisern an der Verteidigung gearbeitet, um des Schweizers Haut so teuer als möglich zu verkaufen. Im natürlichen Bollwerk der Alpen entsteht das «Réduit national». Und während der Soldat Stollen in den Fels gräbt, sichert sich der Private ein Häuschen, eine Wohnung, ein kleines Zweitnest in den Bergen.

Nun gibt es wieder Männer und wahrscheinlich auch Gäste für den Hotelbetrieb. Im Juli eröffnet das Park Hotel. Zuvor aber wurde die Villa Belmont in Anbetracht der starken Nachfrage für Ferienwohnungen in ein Appartementhaus verwandelt. Das ging husch-eins-zwei-drei nach dem Motto: man nimmt, was man hat, und läßt sich etwas einfallen. Die einzige Anschaffung waren einige elektrische Kochherde und Kochplatten sowie einiges an Küchenutensilien, denn die Hotelschöpfkelle schöpft zu üppig. Der Schreiner zimmert Tropfgestelle für den Abwasch am Lavabo, die marmorbedeckten Kommoden sind ideale Rüsttische und alte Leintücher schützen die Tapete in der Kochnische. Fertig sind die Ein- bis Siebenzimmer-Wohnungen und finden auch gleich raschen Absatz.

Die Saison ist kurz; Ende August ist das Park Hotel schon wieder geschlossen. Trotzdem ist Flims einer der bestbesuchtesten Kurorte. Im Casino spielt ein Trio Klassisches, während jenseits der Grenze der Bombenregen fällt.

Durch einen Bodentausch kann die Gemüsegärtnerei der Gesellschaft vergrößert werden, und die Landwirtschaft bewirtschaftet eifrig soviel Land wie noch nie: zwei Hektaren sind anbaupflichtig. Auf der «Skiwiese» wachsen Kartoffeln, reift die Gerste, und allenthalben wird ein «prau» (romanisch Wiese) zum Kohl- und Rübenfeld, ach, und das Resultat ist kärglich, denn die Erde ist mager oder sumpfig oder steinig, und Heu muß man doch auch haben, und es wächst am schönsten auf dem Golfplatz, und dort trampeln die Golfer herum, und man hat's einfach nicht leicht! Zum Ernten aber müssen alle Mann an Deck, Direktion und Schreiner, Küchenfee und Kinder, und eigentlich ist es ganz lustig – verglichen mit den Armen «draußen» sogar himmlisch!
Alice Bezzola eröffnet eine Hühnerzucht. Dies ist jedoch nicht so einfach, wie es sich anhört, denn das Rationierungssystem erlaubt nur ein halbes Huhn pro Kopf! Das ergäbe dreieinhalb Hühner für die Familie. (Bisher blieb ungesagt: die Junioren haben drei Töchter.) Aber eine Lösung wird gefunden: man nimmt Hühner in Pension, das heißt, jedes zusätzliche Huhn braucht einen «Strohmann». Dahinter verbergen sich verschiedene Angestellte samt Familie. Diese bekommen dann aber auf ihren Rationierungskarten keine Eier zugeteilt, dafür Hühnerfutter. Nun, dies stellt kein Problem dar, man tauscht mit Gewinn wieder bei Frau Bezzola. Unter ihrer Hand gedeiht das Federvieh prächtig, legt fleißig, brütet Küken und liefert Brathähnchen. Aber nichts kommt von nichts, sorgsam wird jede Käserinde zerkleinert, jeder Kohlstrunk geraffelt, jede Brotrinde, jede Kartoffelschale und die Spelzen der eigenen Gerste, alles kommt dem «Gegacker» zugute. Nicht nur die mächtigen Töpfe mit eingelegten Eiern, auch eine genaue Buchhaltung geben Auskunft über die Rentabilität dieses neuen Zweigbetriebes!
Wie die Frau, so kann auch der Mann, dachte sich Roman Bezzola und ließ sich Kaninchenställe zimmern. Bald sind sie bevölkert mit «Blauwienern» und «Silberriesen». Männiglich freut sich auf herrliche Braten und weiche Pelze, sammelt fleißig Löwenzahn und dies und das, aber das Dickerwerden der Bäuche deutet nicht auf erfreuliche Gewichtszunahme, sondern auf Trommelsucht. Aus! Und die Hühnerzucht muß das Kaninchenfiasko sanieren.
Der Herbst bringt der Familie Bezzola Kummer: Seniorchef Eduard

sinkt, von einem Hirnschlag getroffen, aus aktivem Leben aufs Krankenlager. Noch hoffen alle auf Genesung. Die Verwaltungsräte haben Finanzsorgen (wieder einmal), aber man will durchhalten, tut was man kann, und bekommt schließlich einen Betriebskredit von der Kantonalbank, und die Zinsen werden auch wieder einmal gestundet.

Im Winter ist es still im Dorf, die Hotels bleiben geschlossen. Der Traktor des Schlittenzuges wird vom Militär requiriert und schippt nun Schnee auf einem Flugplatz, die Anhängeschlitten bereichern die Villa Holzschopf. Benzin gibt es für den Privatmann sowieso keines mehr, das Postauto wird auf «Holzvergaser» umgestellt und trägt nun einen Ofen mit sich herum wie die Schnecke ihr Haus. Man erspart dem Vehikel auch gleich einige Kurse, dafür hat man mehr von der Reise, jedenfalls flitzt die Gegend nicht an einem vorbei!

Das Jahr 1941 geht im Getöse der Zerstörung der amerikanischen Flotte in Pearl Harbour unter – eine japanische Art, sich als Weltmachtanwärter bemerkbar zu machen! Das neue Jahr bringt neuen Krieg: die USA werden Gegner von Deutschland und Japan.

Im Fernen Osten stehlen die Japaner koloniale Inselreiche, was unter anderem dem Lyceum Beatrix in Flims eine schwere Flaute einbringt. Vorbei die Vergrößerungspläne; das Institut steht nunmehr mit leerem Beutel und geschrumpfter Schülerzahl da und hält Ausschau nach einer billigeren Unterkunft. Sie findet sie in einem leeren Hotel in Glion, und die Kurhotels und Seebad AG muß mit viel Geduld den gestutzten Zins eintreiben.

Gegen Sommer mietet sich der Stab der Gebirgsbrigade 12 in der Villa Belmont ein, und Alice Bezzola schlägt sich in einem Möbelkrieg im Dienste der Heimat. Kommoden, Betten, Stühle und Lampen werden evakuiert, installiert, rekrutiert, und in Winkeln und Kellern häuft sich fein säuberlich numeriertes Mobiliar. Die Parkettböden der frisch gekürten Büros werden mit Brettern abgedeckt – soldatische Nagelschuhe wären ihnen nicht bekömmlich! Im unteren Casino-Labyrinth wird eine Nebenküche als Offiziersmesse eingerichtet. Ansonsten aber wird das Hotel wie gewohnt eröffnet, und die Gäste stören sich nicht an der militärischen Nachbarschaft, im Gegenteil, man fühlt sich wohltuend geborgen. Man hat sich mittlerweilen an den Krieg gewöhnt und hat den Barbetrieb wieder aufgenommen. Die Offiziere sind gern gesehene Gäste, die zur Auflockerung ihrer Verteidigungswache abends im Dancing auf Eroberungstour gehen, meistens mit Erfolg.

Für Garten und Landwirtschaft sind ein paar internierte Polensoldaten zu Hilfe gekommen, und endlich kommt die Landwirtschaft wieder einmal dem Hotel zu Hilfe. Eigene Milch, samt Rahm (wohlgemerkt), saftige Schinken und Schweinebraten, Fett und Butter werten nicht nur die Menus auf, sondern im Endeffekt auch die Logiernächte und zuguterletzt auch das strapazierte Selbstbewußtsein eines Küchenchefs. Es ist nicht leicht, an den drei fleischlosen Tagen in der Woche immer etwas Leckeres auf den Tisch zu bringen, aber der Chef des Park Hotels ist ein wahrer Künstler, und der landwirtschaftliche Zustupf unterstreicht höchstens seine Fähigkeiten, aus wenig viel zu machen. Wie aus viel wenig wird, hat der Schweineknecht gelernt, nachdem er das Futter nicht sorgfältig zubereitet hatte: der Rotlauf verwandelt zukünftige Schinken in zu verscharrende Kadaver. Dabei hat man sich so an der Landwirtschaft gefreut...

Das schweizerische Rationierungssystem ist sehr gut durchdacht. Der Bürger erhält je nach Alter und Arbeitspensum seine monatliche Zuteilung, die er nach freiem Ermessen in sogenannte Mahlzeitencoupons umtauschen kann, um damit im Hotel oder Restaurant sein Essen zu bekommen. Der Wirt oder Hotelier kann dann diese Coupons wieder in Nahrungsmittelkarten zurücktauschen, die je nach Bedürfnis zugeschnitten werden.

Natürlich macht der Staat Vorschriften, namentlich für Hotels und Restaurants; aber ebenso natürlich hilft man sich, wie man kann, und somit «verunfallt» ab und zu ein Schwein, oder, wenn der Rahm auf der Milch besonders dick steht, gibt es für den Gast einen Tupfer Schlagrahm aufs Dessert. Allenthalben taucht ein Herr vom Kontrollamt auf, um seinen obligaten Rundgang in den Küchen zu absolvieren und ein Menu zu genießen, auf das er auch kontrollhalber Anrecht hat. Ein Glück, daß dieser Herr sich immer erst im Büro vom Kurhaus meldet, so kann eine Alarmmeldung ins Casino geschickt werden: «Es ist wieder einer da!» – und schon verschwinden Rahm- und Buttertöpfe an gesicherte Orte. So richtig spannend wird es jeweilen bei einem Rahmtupfer-Dessert. Da muß dann eilends ein Dessert mit Eiweißtupfer hergerichtet werden. Somit stehen ein Eiweißtupfer-Dessert und 300 Rahmtupfer-Desserts bereit, und alle gleichen sich wie eine Schneeflocke der anderen, aber wehe, sollte es zu einer Verwechslung kommen! O Wunder, es ist nie dazu gekommen, ein Kunststück! Auch das Versteckspiel mit den Buttertöpfen und allfälligen Schinken hat immer geklappt. Nur einmal kassiert man Strafe: es wurde im schwimmenden Öl gebakken. Es ist verboten, obwohl das Fritieren für große Mengen besonders rationell ist! (Die Verordner solcher Verordnungen sind eben keine Küchenchefs!)

Schon im vergangenen Jahr kam es zu Zänkereien zwischen Landwirtschaft und Golfclub, und da seit dem Krieg weder der originalenglische Golftrainer noch das gewünschte Golfpublikum zugegen ist, ist auch heuer der ganze Betrieb ungefreut – das Unerfreulichste jedoch geschah, als vor kurzem der Golfmanager mitsamt der Kasse einfach entfloh. So, und seitdem ist es aus mit der Golferei in Flims!

Diese Saison hat einen kleinen Aufschwung erlebt, und man kann sich eine ebenso kleine Zinsauszahlung erlauben. Überhaupt, dem Schweizer geht es gut; er lebt auf einer Friedensinsel, inmitten von Kriegsgetöse, und exportiert frisch-fröhlich – nein, nicht fröhlich, aber er exportiert und zahlt dem Bund ordentlich Kriegsgewinnsteuer. Und, laßt uns nicht bösartig sein, er ist sich des Leides um ihn wohl bewußt und hilft vielfach, wo er kann. Da ihm die Kalorien reduziert werden, ist er auch so gesund wie noch nie ...

> Wenn es still wird im Ort,
> muß der Mann wieder fort
> in Uniform;
> und die Frau hütet das Hotel,
> dessen Leere widerhallt
> von ihrem Schritt.
> Treppauf, treppab.
> Steht das Mehl noch trocken?
> Nagt die Maus am Reis?
> Hat Gewürm sich eingestellt?

Wo rinnt ein Dach?
Irgendwo rinnt immer eins!
Treppauf, treppab.
Hängen die Würste
nicht zu trocken, nicht zu feucht?
Tickt die Made im Schinken?
Faulen die Äpfel im dunklen Geschoß?
Fenster auf,
Fenster zu.
Der Schlüsselbund klirrt.
Oh, Herrin der Vorräte,
Weh uns
ohne deine Fürsorge!

In Zeiten des Mangels und der Einschränkung lernt man die Ware einzuteilen und zu verwerten bis zum wirklich unbrauchbaren Rest. Die Direktion hat dies jahrelang geübt, und es ging ihr in Fleisch und Blut über; in unserer heutigen Wohlstands-Wegwerf-Gesellschaft hat sie immer noch dieselbe Hochachtung vor der Brotkrume und dem Ziegelstein wie dazumal.
Im Herbst ist das Militär aus der Villa Belmont ins Schloßhotel gezügelt, denn dort ist Heizung vorhanden. Nach dieser Überwinterung hält es im Vorsommer wieder auf dem Hügel Einzug. Das Hotel Bellavista soll diesen Sommer wieder eröffnet werden. Als Direktion wird der Sohn des früheren Direktors Russenberger verpflichtet. Einige Retouchen sind nach der Internatszeit dieses Hauses sehr vonnöten. Aber woher das Geld nehmen? Die Vorsehung ist der Gesellschaft wohlgewogen und sendet ihr ein ältliches Fräulein, das für ein Stück Bauland den vorzüglichen Preis von 12 Franken pro Quadratmeter bietet. Somit kommt die Gesellschaft zu ihrem Geld, das Fräulein zu ihrem Réduit in den Bergen und der heutige Eisplatz zu der leider so unschönen Aussichtsbarrikade.
Der Gesundheitszustand von Eduard Bezzola bessert sich nicht, er bleibt der Sprache beraubt und gebrechlich – welch dunkles Schicksal für den einst so aktiven Mann! Schweren Herzens muß ihm und seiner Frau, welche mit seiner Pflege völlig ausgelastet ist, der Rück-

tritt gewährt werden. Um sich vom Hotelbetrieb ein wenig abzusondern, bauen sie sich ein Chalet in der Nähe der Villa Belmont.
Deutschland holt sich die erste Schlappe bei El Alamein, und der russische Winter liefert Hitler das Debakel von Stalingrad. Schon kommt das Jahr 1943 und mit ihm die Wende im Krieg.
In Flims füllen sich während ein paar Sommerwochen die Hotels mit Schweizergästen. Für diese kurze Frequenzspitze ist nie genug Personal vorhanden, speziell im großen Park Hotel. Man kann sich in der flauen Vor- und Nachsaison keine nutzlosen Lohnausgaben leisten, und wer findet schon Personal für vier Wochen? Die Betriebsdevise lautet: sparen und noch mehr sparen. Aber in unserem Regenklima müssen lecke Dächer repariert werden, und die Forderung der Landwirtschaft, einen Grastrockner anzuschaffen, scheint berechtigt. (Man kann damit auch Bohnen dörren und Apfelschnitze . . .) So betteln die Räte erneut um Kredit, und weil der Direktor der Bündner Privatbank als Gläubigervertreter im Verwaltungsrat über die Misere mitverhandeln muß, erhalten sie ihn auch.
In der Hotelleitung sind einige Änderungen zu vermerken. Das junge Ehepaar Bezzola übernimmt die Generaldirektion, und im Hotel Segnes erfolgt eine Wachtablösung: Giorgio Rocco, erprobter Chef de Réception im Park Hotel, übernimmt die Direktion, denn die Familie Müller wird ins elterliche Hotel nach Luzern gerufen.
Auch in der hohen Weltpolitik sind Änderungen zu bemerken: die beiden Diktatoren Hitler und Mussolini haben sich entfremdet. Letzterer hat seines Volkes Illusionen nicht erfüllt und wird durch einen Staatsstreich abgesetzt, und nun knüpft die Regierung geheime Kontakte mit den Alliierten.
In Flims züchtet Alice Bezzola nun auch noch Enten, um den Speisezettel der Gäste zu bereichern. Aber diese Bereicherung scheitert am Starrsinn des Küchenchefs, der darauf beharrt, daß dieses Federvieh stinke. Er behauptet es immer noch, nachdem die Direktion ein Muster verspeist hat, das natürlich nicht stank. Die Tiere werden mit diversen Küchenabfällen, geduldig eingesammelten Schnecken und kleinen Fischchen aus dem Caumasee gefüttert – vielleicht gilt denen die Aversion des Chefs, sei es wie es wolle, jedenfalls bekommen die Gäste keinen Entenbraten. Dafür werden sie mit um so größerem Genuß von der Hochzeitsgesellschaft des Verwaltungs-

ratspräsidentensohnes verspiesen. Heute ist der damalige Bräutigam der Präsident der Gesellschaft, aber die duftenden Entenbraten hat er sicher nicht vergessen!
Die Flimser Wintersaison darf nicht einschlafen! Mutig wird das Hotel Bellavista eröffnet, dessen Lyceums-Vergangenheit man die Heizungseinrichtung verdankt, und da der Brigadestab diesmal seine Winterzeit im Hotel Segnes verbringt, steht das Restaurant-Dancing der Allgemeinheit offen. Loyalerweise berappt der Kurverein den größeren Teil der Musikergage, verlangt dazu aber, daß bei schönem Wetter das Orchester am Eisplatz aufspielt. Trotz aller Anstrengung ist die Saison mehr schlecht als recht. Eigentlich kein Wunder, denn der verzweifelte, ausdauernde Verteidigungskampf der Deutschen, nachdem nun die Alliierten in Sizilien gelandet sind, verwandelt Europa in einen Trümmerhaufen, in ein Massengrab, und überschwemmt die Schweiz mit Flüchtlingen.
Das Blutjahr 1944 beginnt. Deutschland wird an allen Fronten bedrängt. Der russische Bär tappt verwüstend durch Osteuropa, und die französische Résistance bereitet die Befreiung von Paris vor. Die Alliierten landen in der Normandie, und Hitler setzt die gefürchteten V2 und die ersten Düsenjäger ein; seine Konzentrationslager sind zum Bersten mit Todeskandidaten gefüllt, trotzdem liegt die Niederlage auf der Hand.
Durch das Näherrücken der Fronten werden in der Schweiz wieder vermehrt Truppen aufgeboten, das bringt den Hotels wieder akute Personalknappheit. Der Brigadestab logiert im Sommer nun im Schloßhotel, somit wird die Bürokaserne Belmont wieder zum Appartementhaus Belmont, was die Frau Direktor an den Rand der Verzweiflung bringt... noch im Traum sucht sie Bettgestelle, die dann nicht zusammenpassen, kramt aus allen möglichen und unmöglichen Ecken Nachttischlampen, findet Stühle vom Parterre im obersten Stock und Kommoden vom obersten Stock im Parterre. Der zweite Teil des Alpdrucks behandelt das Herd- und Abwaschproblem von vorne nach hinten und von hinten nach vorn...

1945 Am 8. Mai kapituliert Deutschland.

Am 8. Mai wird in Flims mit dem Bau der Sesselbahn begonnen. Also wurde während der Kriegsjahre in aller Stille die Erschließung der Flimser Bergwelt studiert. Roman Bezzola hat verbissen nach einem Transportmittel gesucht, das im Winter und Sommer eingesetzt werden kann. In einem Prospekt des amerikanischen «Sun Valley» sah er die Abbildung einer Sesselbahn. Das ist die Lösung! Und er nahm Kontakt mit den Konstrukteuren der Firma Von Roll auf und regte sie zur Entwicklung eines Sesselbahnmodells an, wobei er als Besonderheit verlangte, daß zum Ein- und Aussteigen die Sessel jeweilen angehalten werden sollten. So wurde dann aus dem Prinzip der Materialzufuhrbahn ganz heimlich die modernste Sesselbahn der Welt entwickelt, konstruiert und zur Auslieferung nach Flims bereit gehalten, Termin: Kriegsende! Natürlich hat sich die Gesellschaft an der Finanzierung beteiligt. So rüstete man hier für die Friedenszeit, während sich Japan noch im selbstmörderischen Verteidigungskampf wand. Die Zuversicht ist wiedergekehrt, und die fällige Obligationenanleihe der Kurhotels und Seebad AG wird um weitere zehn Jahre verlängert. Ein Vertrauensbeweis! Eine weitere Entspannung für die Räte bringt der Gewinn des Jahre währenden Quellenprozesses «Tarschlims».
Die Post wälzt Neu- oder Umbauprobleme. Die Zentralwäscherei der Gesellschaft braucht dringend eine neue Mangel, und im Hotel Bellavista ist bald kein ganzes Leintuch mehr vorhanden. Mit der Kohlenzuteilung hapert es dermaßen, daß in der Küche des Park Hotels ein Elektroherd installiert werden muß. Treibstoff ist auch noch keiner zu kriegen, sogar jener der Holzvergaser ist rarer denn je, was den Postautos ein Sonntagsfahrverbot einbringt, sehr zum Ärger der Hoteliers und Gäste. Der Kurverein zieht einen Taxidienst auf: zweimal sonntäglich Chur–Flims–Ilanz, im Volksmund der «Holzvergaxi».
Erst als im August die schrecklichen Atomexplosionen von Hiroshima und Nagasaki die Japaner zur Kapitulation zwingen, ist der Weltkrieg beendet, und die Schweizer Armee wird demobilisiert. Während weltweit noch die Trümmer rauchen, beschließt der Verwaltungsrat der Kurhotels und Seebad AG, das Hotel Segnes diesen

Winter wieder zu eröffnen und zu diesem Zweck das Restaurant umzubauen und eine Bar einzurichten, denn Skifahrer wollen auch etwas für den «Après-ski» geboten haben. Dazu sind diese Umbauten ganz im Sinne der neuerschaffenen nationalen «Aktion zur Sanierung der Kurorte und Erneuerung der Hotels», und der Bund spendiert günstigen Kredit.
Im Dezember folgt die Einweihung der Sesselbahn Flims–Foppa, und die Herzen der Flimser schlagen in stolzgeschwellter Brust. Die Gesellschaft ist gerüstet – wieder einmal mehr im rechten Moment. Nun sollen sie kommen, die Skifahrer, die Wintergäste, die Kinder mit Schlitten, die Sonnenanbeter! Und es kommen noch andere, die G. I.'s nämlich, die amerikanischen Urlauber, die braven Soldaten der Befreiungsarmee, die nun einige Tage Winterurlaub in der unbeschädigten Schweiz genießen dürfen. Hier sind sie, die Umjubelten, und bringen enthusiastischen Aufschwung in die erste Nachkriegs-Wintersaison, bringen Kaugummi, Lucky Strike und Bourbon, bringen Jubel-Trubel-Heiterkeit in die Lokale und vor allem Dollars. Jedermann profitiert von ihren Dollars, und der Kurort Flims registriert 4500 «Amis-Logiernächte» und einen erfreulichen Start als neuer Winterkurort.
In der ganzen Welt wird nun neu gestartet. Der zerfledderte Völkerbund startet neu als UNO; in den USA startet die Ära Truman, in England die Labour Party, und die kleine Schweiz streckt die Fühler aus ihrem Schneckenhaus.

FAHRT IN DEN WINTER

1946 Als Epilog des Krieges geht der Nürnbergerprozeß über die Bühne, und dem Schweizer kriecht ein nachträgliches Unbehagen über den Rücken – das Anzeichen des helvetischen Malaise, zu dessen Linderung nun die «Schweizer Spende» organisiert wird.

Die Ausgebombten der Nachbarländer räumen mühselig die Trümmer beiseite, während die Staatsmänner den Wiederaufbau der Wirtschaft in die Hand nehmen und das Nötige dazu vielfach bei der eilfertigen Schweizer Industrie bestellen. So kurbeln die Tauschgeschäfte, denn Geld haben die kriegsgeschädigten Länder noch kaum, die Schweizer Exportproduktion schwungvoll an. Die momentane Sympathie zu Rußland bewirkt ebenfalls Ankurbelerfolge der Arbeiterpartei und der Sozialisten, so daß die Industrie zum Trumpf für fast jedermann wird – fast. Die Hotellerie jedoch ist im Eidgenössischen Jaß vorläufig eine ganz miese Karte. Dessen werden sich die Räte der Kurhotels und Seebad AG beim Versuch, die fälligen Anleihen neu zu plazieren und den bisherigen Betriebskredit in eine Meliorationshypothek zu wandeln, sehr deutlich bewußt. Gottseidank gibt es eine Hoteltreuhand, die nun zum Retter wird, und der Verwaltungsratssitz des Herrn Bankdirektor als Gläubigervertreter darf verwaisen.
Die Flimser Wintersaison ist noch in der ersten Startphase, die zweite ist fix-fertig geplant, und sobald die Franken angerollt kommen, rollt auch sie an. Die Gesellschaft zögert nicht, etwas vom erhaltenen Meliorationskredit abzuspalten zugunsten der Sesselbahn AG und somit zum Wohle des Ortes. Dafür ist die Gemeinde so freundlich, eine 30jährige Zinsgarantie für die Hypothek zu gewähren.
So, und nun wird gebaut. Die Villa Silvana soll winterliches Appartementhaus werden, braucht eine Heizung und Vorfenster sowie ambulante Trennwände in den Korridoren und die üblichen Einrichtungen nach Schema Belmont, worüber Alice Bezzola ja bestens

Winterliche Waldhäuser mit dem verschneiten Caumasee im Hintergrund.

Bescheid weiß. Die Wohnungen finden guten Absatz und legen den Grundstock für eine treue Familienkundschaft. Zukunftsgläubige Leute bauen die ersten Ferienhäuser, und die Post hat sich endlich zu einem Entscheid durchgerungen, stellt einen Neubau an die Stelle des Wäldchens vis-à-vis vom Verkehrsbüro und zahlt der Gesellschaft eine Abfindung für die Villa Erica. Die Gesellschaft baut nun die alten Posträumlichkeiten in zwei Ladenlokale um und kann ihre «Postverbindungen» endlich ad acta legen.
Schon wieder werden neue Projekte gewälzt: das Kurhaus soll ein selbständiges Wintersporthotel werden. Die Herren Bankiers finden dies unverantwortlich, sie heben warnend den Zeigefinger und setzen sich auf den Tresorschlüssel. Sitzt ihnen die Kriegsangst im Nacken? Oder fehlt ihnen eine Brille? Jedenfalls fehlt ihnen ein Herz für die Hotellerie und das Vertrauen in die zukunftsbejahende Gesellschaft der Kurhotels. Sie sind blind gegenüber einer Direktion, die über bewiesene Pfadfindertalente verfügt, Talente, einen Weg zu finden und mit Phantasie aus wenig das Beste zu machen. Blind und taub sind sie der Vergangenheit gegenüber, die von Umsicht und Zuverlässigkeit dieser Gesellschaft zeugt. Aber zum Trotz spucken sich die unternehmungslustigen Verwaltungsräte in die Hände, um den «Karren» mitsamt den Bremsklötzen anzuschieben!

1947/48 Weizmann wird erster Präsident im neugeborenen Staat Israel. In Amerika entsteht der Marshallplan; in Indien die Wirrnis der Selbständigkeit; in der Schweiz die erste Volksrente (AHV).

In Flims entsteht das Winter-Park-Hotel. In der Zeit, als Chaim Weizmann mit seinen Adlaten gestikulierend unter den Galerien des Park Hotels Flims wandelte, saß Roman Bezzola über den Plänen des Kurhauses, unter dem Motto: Nimm ein Haus und mach was draus! Nun entsteht ein Haus mit Kombinationen, ein Wandelhaus. Das Kurhaus, ehemals ein Hotel, wurde vom Casino der Gesellschaftsposition beraubt und zum Schlafhaus degradiert. Nun werden ehemals aufgestellte Wände wieder durchbrochen, umgestellt, angepaßt; Halle, Speisesaal, eine Bar und ein Office entstehen im Parterre, während Kellerräume wieder zu Küchen und Magazinen werden. Ja, und die Heizung nicht zu vergessen, diese ist auch für die

alpinen Sommer sehr vonnöten. Damit aber die im Sommer so notwendige Anzahl von Schlafzimmern so groß als möglich bleibt, muß die Innenarchitektur diesen Bedürfnissen angepaßt werden. Mittels ambulanter Zwischenwände können winterliche Hallen in sommerliche Schlafzimmer verwandelt werden – und nun weiß der aufmerksame Gast, was die versteckten Türen an versteckten Orten der Gesellschaftsräume bedeuten, nämlich Badezimmer!
Nicht nur im Hinblick auf die Wintersaison, sondern auch im Zug der Zeit muß der Hydrotherapie eine Erneuerung gewährt werden. Das Glühlampenlichtbad verschwindet in der Versenkung. Einen Teil des archaischen Hallenbades läßt man als Tauchbad weiter existieren, während an Stelle des anderen Teiles eine finnische Sauna gebaut wird. Als neues Prunkstück glänzt eine Anlage für Unterwasserstrahlmassage. Die Arztpraxis wird zur Unfallstation, denn mit der Wintersaison kommen die Beinbrüche, und für die Beinbrüche (nicht nur) braucht der Kurort einen zweiten Arzt. Für diese, der Allgemeinheit zugute kommenden Investitionen erhält die Gesellschaft vom Kurverein eine Unterstützung während der Dauer von zehn Jahren.
Ob die eigenen Quellen für die winterliche Zukunft genügend Wasser liefern? Es wird bezweifelt. Die Räte verhandeln mit der Gemeinde, und nach dem üblichen Hin und Her werden die Leitungen gekoppelt und mit einem Schieber versehen. Für alle Fälle. – Die Fälle werden nicht lange auf sich warten lassen!
Was gibt es sonst noch Neues, außer daß alles teurer wird? Das fließende Wasser im Chalet, ein Plus; die Abhängigkeit von einem oft grollenden Wettergott, ein Minus; die Verpachtung der reduzierten Landwirtschaft an den Oberknecht, ein Fragezeichen.
Mit dem Jahr endet auch eine Epoche der Kurhotels und Seebad AG: Nach 70 Sommersaisons öffnet sich das Portal des Park Hotels für die erste Wintersaison. Es eröffnet, noch ist nicht überall die Farbe trocken, und zeigt sich als geschmackvoll eingerichtetes, heimeliges Familienhotel mit 110 Betten, die in der Silvesternacht alle belegt sind. Aber nur in der Silvesternacht! Die Schneeverhältnisse sind schlecht, das Wetter unfreundlich, und über die Engländer wurde die Reisesperre verhängt. Soll man den Kopf hängen lassen? Die Gästezahl sinkt im Januar auf acht und steigt im Februar wieder

auf vierzig. Die ersten Beinbrüchigen werden in der Therapie eingeliefert, von den Gaffern bestaunt und, wenn sie das Glück haben, daß jemand von der Direktion in der Nähe ist, mit einem Gläschen Cognac gestärkt. Mit etwas Verspätung ist mitten in der Wintersaison die zweite Sektion der Sesselbahn fertig geworden. An der Endstation gibt es sogar ein «Restaurant» – eine kleine Holzbaracke mit Terrasse, wo eine muntere, improvisationsfreudige Wirtin Kaffee kredenzt, den sie aus geschmolzenem Schnee aufgegossen hat. Von Naraus aus können nun bessere Skifahrer auf steileren Abfahrten ins Tal sausen, und Flims ist eine Stufe höher gestiegen, kurortprestigemäßig. Mitte Februar ist die erste und somit historische Wintersaison des Park Hotels zu Ende. Die 35 Angestellten stecken ihren Garantielohn in die Tasche, und die Gewinne des Appartementhauses Silvana helfen die Verluste des neuen Hotels zu tragen. Aber man hat sich mit Geduld gewappnet und glaubt an eine blühende Winterzukunft – lauter Eisblumen, nach Ansicht der Banken!
Im darauffolgenden Jahr wird das selbständige Kurhaus auch in der Vor- und Nachsaison eingesetzt. Damit beginnt die Ära der Zügeleien, das heißt: Juni und erste Hälfte Juli ist das Park Hotel Kurhaus allein, in der Hochsaison ist es Casino mit allen anderen Häusern als Schlafhäuser, Ende August schrumpft es wieder ins Kurhaus, im Winter ist es Kurhaus und die Villa Silvana macht in Separatismus als Appartementhaus. Dies bedeutet einiges an Umstellung, denn einen doppelten Haushalt kann man sich nicht leisten. So wird fast alles Mobile, ja sogar der elektrische Kochherd, jeweilen von einem Haus ins andere gezügelt. Die Direktion und das Angestelltenteam erlangen mit den Jahren eine geradezu taschenspielerische Fertigkeit darin. Es legen sich die Casinogäste abends schlafen, um am nächsten Morgen als Kurhausgäste zu frühstücken – oder umgekehrt. Roman Bezzola lächelt dann in ihre perplexen Gesichter und sagt verschmitzt: «Die Heinzelmännchen waren da!» So werden die Räumlichkeiten der Gästezahl angepaßt, was das Wohlbefinden des Einzelnen sicher begünstigt.

Sie kommen alle im Morgengrauen,
flüsternd und auf leisen Sohlen,
und bringen
und holen
und bringen
ameisengleich.

Der Gast träumt währenddessen
in weiche Kissen.

Schraubenzieher lösen Kabel.
Herkulesse heben Maschinen auf Wagen.
Gedämpfte Hammerschläge öffnen Wände,
und Bilder wandeln unselbständig
durch den Park.
Stühle reiten auf menschlichen Rücken,
Tische, Teppiche und Tassen
schweben an starker Hand
durch den Morgentau.

Und der Gast ruht tief in Decken
und träumt seine Träume aus.

Hier und dort stehen Generale,
einen Status auflösend
und einen zusammenfügend.
Dazwischen die Schlepper,
ziehend, zerrend, tragend,
hin und her, her und hin,
durch's Grüne,
ameisengleich.

So ist, bis der Gast erwacht,
die neue Behausung vollbracht.

Eduard Bezzola wird in diesem Jahr zu Grabe getragen – ein langes Leiden findet sein Ende. Er, einer der Väter, der das kleine Flims liebevoll an der Hand führte, er, ein weiser Admiral der Häuserflotte «Kurhotels», ist jetzt nicht mehr.
In der Schweiz werden endlich die letzten Reste der Rationierung aufgehoben. Hurra, wie man sich freut! Trotz steigenden Lebensmittelkosten schwelgt man genüßlich – übrigens auch im Stoff. Die Kleider werden sogar knöchellang, glockenweit und faltenvoll. Eine schmeichelnde Mode, und, vielleicht aus Sympathie zum großen Bruder aus Übersee, «New Look» genannt. Ach, wie wirft man gerne mit amerikanischen Sprachbrocken um sich! Wer kann, kauft sich einen «Amerikaner», und wer etwas auf sich hält, kauft sich auch einen. Das Park Hotel bekommt eine «Occasion» – immerhin! Die Zeit der Fuhrwerke ist passé. Aber «sparen» wird nach wie vor groß geschrieben, zum Glück ist man nach wie vor in der Übung! Um das Winterdefizit so klein wie möglich zu halten, werden sogar die Glühbirnen vom Casino gezügelt ...

1949 Berlin hat ein Jahr Luftbrücke hinter sich und wird jetzt in die Trizone zerlegt. Adenauer wird Bundeskanzler, Rußland gründet das Comecon, Mao die chinesische Volksrepublik, und die Schweiz tritt der Unesco bei.

Östliche und westliche Meinungen gehen auseinander, die einen nehmen, die andern unterstützen. Der kalte Krieg des Mißtrauens beherrscht die Weltlage. Die USA pumpen Milliarden Dollars nach Europa, und das fleißige Deutschland läßt davon neue Fabriken, neue Straßen und Städte entstehen. Die Schweizer Industrie liefert dazu, wird darob schick und dick, während die Saisonhotellerie in ihrem geflickten Hemdchen schlottert. Das englische Pfund wird abgewertet; Schilling und Franc sind schon gefallen. Wie kann man da mit ausländischen Gästen rechnen? Das Park Hotel rührt seine Werbetrommel in Ägypten und hat Erfolg. Es ist nicht leicht für ein Luxushotel, denn die Zahl der assortierten Gäste ist weltweit geschrumpft; zwar wächst dafür die Anzahl der reichen Schweizer erfreulich und wird zum äußerst wichtigen Faktor der gesellschaftlichen Ferienstrategie. Leider lockt ihn vielfach das billigere Aus-

land aus der Heimat. So hat man der Sorgen genug nebst der ständigen finanziellen Mühsal, mit einem minimalen Meliorationskredit ein Maximum an Renovationen und Reparaturen zu bestreiten. Wer wundert sich, wenn dieser Kredit ständig etwas überschritten wird? Nur die Banken! Ach, Schluß mit dem Ärger, sehen wir uns den Flimser Winter an:
Da speit sich die erste Schneeschleuder des Kurvereins durch den Neuschnee und schafft ein Netz von Spazierwegen. Da wird der Eisplatz vor dem Hotel Surselva auf die erweiterten Tennisplätze des Park Hotels unterhalb der Villa Silvana verlegt, wo auch neue Curlingbahnen entstehen sowie eine Beleuchtung für nächtliches Hokkeyspiel. Die «Urmannschaft» des Flimser Eishockeys ist einer näheren Betrachtung wert: angefeuert von Einheimischen und Gästen stürmen im Sturm ein Schüler, ein Geschäftsmann und ein Ladeninhaber; der Gemeindeschreiber und ein Hotelier sind die feste Burg der Verteidigung, während sich im Goal der Käser verbissen bemüht, auf den Schlittschuhen zu stehen und manchmal trotzdem unvermittelt hinfällt, auch wenn sich der Puck am anderen Ende des Spielfeldes befindet. – Da waren Tore noch wirkliche Siege – oder Zufälle!
Der Skifahrer werden mehr und mehr, der Skilehrer auch (Roman Bezzola gehört noch immer dazu, nebenamtlich), aber mit den Skipisten hat man noch seine liebe Mühe – wenn's schneit, braucht's Weile, bis sie wieder alle instand gestellt sind, und außerdem sind sie meistens zu schmal, bumpsig, rillig oder abgewetzt... Es ist noch nie ein Meister vom Himmel gefallen!
Im Park Hotel steigt auch die Gästezahl und vermindert das Defizit. Das Après-Skileben lebt auf, und der Barpianist eifert sich im Jubel-Trubel des Silvesters dermaßen, daß er anderntags Blasen an den Fingern hat. Für den nächsten Winter wird ein Orchester engagiert! Aber nicht alles ist Jubel-Trubel-Heiterkeit. In eben jener Silvesternacht stehen Direktor und Installateur im Keller vor dem Wasserdruckmesser und konstatieren erbleichend «null». Diesem Druckmesser galt schon seit Tagen ihr Augenmerk, und in den Abendstunden, wenn die heimgekehrten Sportler ihren Reinigungs- und Erfrischungsprozeß absolvierten, wenn dann der Zeiger tiefer und tiefer sank, dann wurde er zum Alpdruck. Zu Silvester aber

steht er auf Null. Die Leitung muß irgendwo ein Leck haben! Draußen liegt ein Meter Schnee. Alarm! Gott sei Dank wird der Rohrbruch rasch gefunden (es hätte anders sein können!), Glück im Unglück, die Stelle ist vor der Therapie. Einige Männer durchwerken die eisigkalte Silvesternacht, während sie die Gäste schwitzend durchtanzen und sich anderenmorgens, keinen Rohrbruch ahnend, das alte Jahr aus den Augen waschen. Die Wasserknappheit aber bleibt prekär und der Druckmesser das meistkonsultierte Gerät der Direktion und des Installateurs; ein wichtiger Mann übrigens für die innerlichen Funktionen eines Hotels, von welchem der Direktor sagt: «Mich könnte das Hotel verschmerzen, aber nicht den Luigi!» Apropos Wasser muß also eine Lösung gefunden werden. Die Gemeinde selbst hat auch nicht viel zu verschwenden, denn der Ferienhäuser werden mehr und mehr. Auch andere Hotels wagen den Schritt in die Wintersaison, und da und dort entstehen neue Pensionen. Da erinnert sich einer der Räte der Gesellschaft an eine Quelle, die seinerzeit mitsamt dem Hotel Segnes gekauft wurde. Diese sprudelt fröhlich im Val Vau vor sich hin – nein, sie sprudelt sogar in eine Fassung, nur Leitung gibt es keine. Jetzt folgen Augenscheine, Pläne, Diskussionen – endlose Diskussionen mit der Gemeinde Laax, auf deren Grund diese Quelle liegt – ein Eile-mit-Weile-Spiel beginnt. Zur Linderung der winterlichen Wassernot kann man einzig die Leitungen der Tarschlimserquelle durch dickere ersetzen, so füllen sich bei warmer Witterung die Reservoirs rascher. Das ist aber auch alles. Später wird ein zweiter Gemeindeanschluß die Rettung, so daß in der Not Gemeindewasser zugeführt werden kann, umgekehrt profitiert die Gemeinde bei sommerlicher Trockenheit vom Kurhotelwasser.

1950 Die erste Besteigung über 8000 Meter gelingt am Anapurna. In Belgien und Thailand werden Könige gekrönt. Chinesische Truppen besetzen Tibet, der Dalai Lama muß fliehen. In Korea flammt der Krieg auf, und Ionesco bringt absurdes Theater für eine absurde Welt.

In Flims aber steigt die Zahl der Logiernächte stetig. Die Kurhotels und Seebad AG kann Abschreibungen vornehmen, den Überbrük-

kungskredit der Hoteltreuhand amortisieren und 50 000 Franken in den Erneuerungsfonds legen. Welch ein Hochgefühl!
Der Schweizer kann sich zweimal jährlich Ferien leisten und ein Auto, vielfach wenigstens, mit diesem fährt er rasch da und dort hin, und somit beginnt der Autotourismus mitsamt dem langatmigen Gejammer über schlechte Straßenverhältnisse, aber auch ein Aufschwung für die Hotellerie. Kommen dann diese Leute in ihren schnittigen Autos in die Kurorte gefahren, hört man des öfteren Abfälliges über «alte Kästen» oder über den Service, der halt nicht mehr der gleiche sei. Dabei vergessen diese Leute, daß ein Hotel leider keine Exportgüter fabriziert, daß aus Minikrediten keine Paläste gebaut werden können und daß die fehlenden dienstbaren Geister in Fabrikhallen arbeiten!
In Flims werden Bauplätze gehandelt. Mit der steigenden Häuserzahl wandelt sich das Bauerndorf in ein Feriendorf – es wird weniger Mist gefahren, dafür mehr Ski. Die Bauernsöhne zeigen wenig landwirtschaftliches Interesse, dürsten nach anderweitiger Ausbildung, und somit verkaufen die Väter da und dort Bauparzellen. Warum nicht, solange sie nicht ausgerechnet im Skigelände stehen... Leider gibt es auch andere Leute, die aus Freude an der quellenden Brieftasche ihr Land wild drauflos verkaufen und sich keinen Deut darum scheren, ob dies dem Kurort schadet oder nicht! Der Verdienst der meisten Flimser hängt von den Kurgästen ab; sie bringen Arbeit und guten Geschäftsgang, sie bringen Wohlstand, sie kommen, weil ihnen Flims gefällt. Man soll den Ast nicht ... usw., aber es gibt Leute, die wissen nicht, auf welchem Ast sie sitzen. Es gibt auch Leute, die sagen: «Nach mir die Sintflut.» Glücklicherweise gibt es auch Leute, die für den Kurort vermittelnd eingreifen, Lösungen suchen und Boden abtauschen. Zwar muß die Gesellschaft auch ein paar Bauplätze verkaufen, um auf diese Weise ihre Renovationsgelder zu erhöhen. Der Quadratmeter wird um die zwanzig Franken gehandelt!
Der Direktion des Hotels Bellavista muß fristlos gekündigt werden. Nach kurzer Improvisation übernimmt zur allgemeinen Freude das Ehepaar Dettwyler wieder die Führung, somit ist «die Bellavista» in altvertrauten, besten Händen.
Für den nächsten Winter wird auf der Skiwiese ein Trainerlift auf-

1906: die «hallende Halle» des Jugendstils.

Die Hydro-Elektro-Therapie. Heute ist in einem aufgebauten Stockwerk die Direktionswohnung untergebracht.

Der idyllische Telefonkiosk.

Von 1908 bis 1922 ist die Post im Hotel Segnes untergebracht, dann wird sie in die Villa Erica verlegt bis zum Postneubau 1946. Das erste Sommerpostauto fährt 1920 nach Flims, das Winterpostauto jedoch erst 1926.

Der «car alpine» der Schweizerischen Bundespost in rasanter Fahrt. Die Alpweide zu Füßen des Flimsersteins ist heute vollständig überbaut – Neu-Flims genannt.

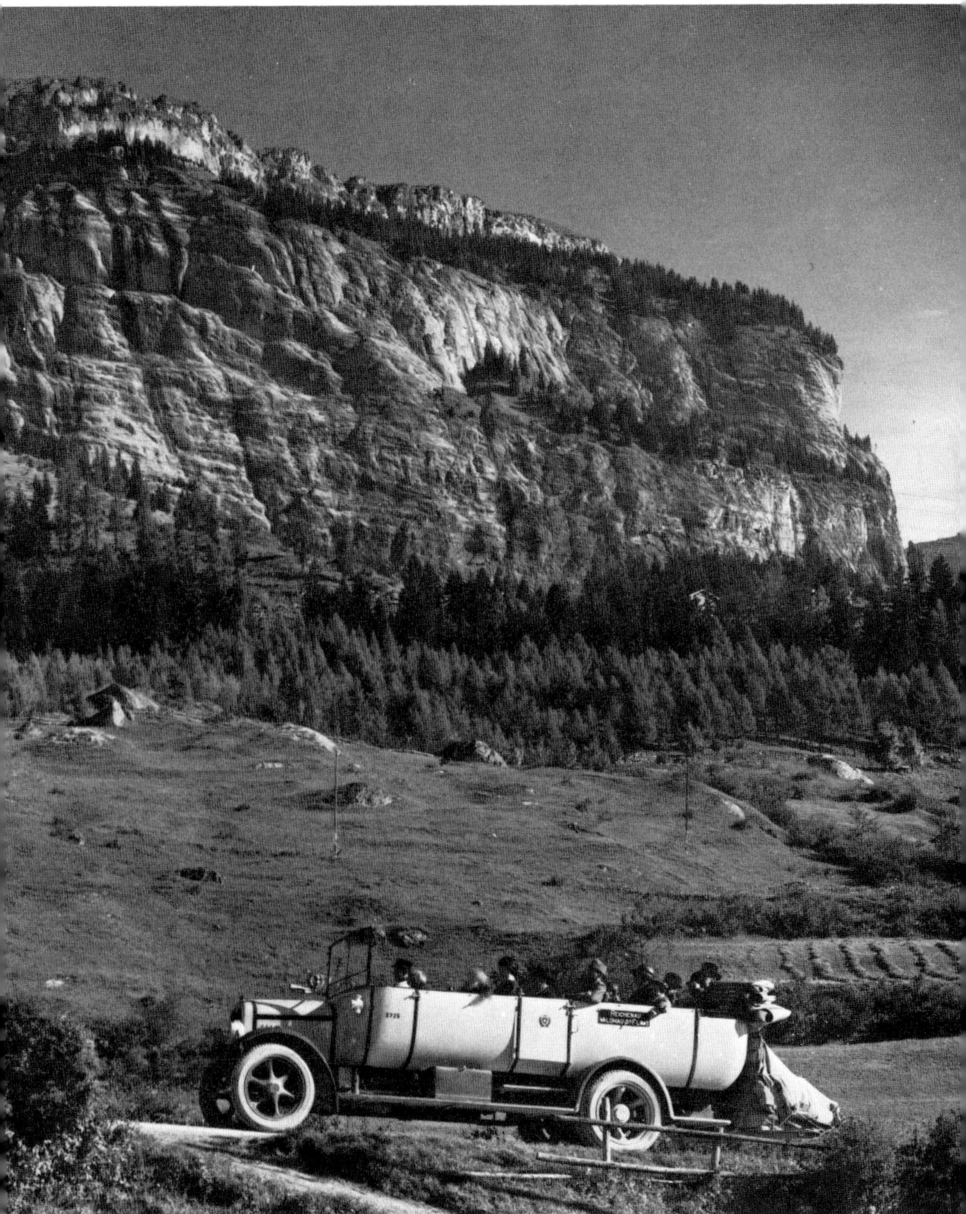

Um 1910: die «Paläste» Casino und Surselva thronen über den Weiden von Flims-Waldhaus.

Siebzig Jahre danach hat sich der Kurort über die Wiesen ausgebreitet. Aber nicht nur die Häuser, auch die Tannen haben sich vermehrt – so macht der Wald vieles wieder gut.

Das verträumte Bauerndorf Flem um 1909. Das ehemalige Schlößchen des Landammann Capol ist heute Gemeindehaus, und die Wirtschaft Vorab (mit Fahne) ist zum Hotel Vorab avanciert.

gestellt, ein Gewinn für die Skischule. Einen Gewinn, einen erstmaligen, winterlichen Gewinn verzeichnet auch das Park Hotel, und die Verwaltungsräte rufen nach Flimser Eishockeymanier ein begeistertes «Quei flott!»

1952 Das erste Düsenverkehrsflugzeug ist im Einsatz. In Korea wird der Waffenstillstand proklamiert. Die DDR verriegelt ihre Zonengrenze. Königin Elisabeth II. wird prunkvoll gekrönt, General Eisenhower weniger prunkvoll zum Präsidenten gewählt.

In Flims feiert die Kurhotels und Seebad AG ihren 75. Geburtstag ganz ohne Prunk. Denn das Geld wird anderweitig gebraucht als für Festschriften und so. Ein umfangreiches Meliorationsprogramm liegt vor. Um dessen Finanzierung zu garantieren, wird die Villa Badus verkauft und außerdem noch ein Bauplatz. Der jährlich gestattete Kredit von 80 000 Franken für alle Hotels der Gesellschaft reicht ja nirgends hin! Doch endlich lassen sich die Geldgeber erweichen und öffnen nach eingehender Kontrolle eines jährlichen Budgets ihre Hand etwas mehr.

Ein Küchenumbau im Casino darf nicht länger hinausgeschoben werden, nicht nur wegen der Überalterung der Installationen, sondern auch der Angestellten wegen. Damit der Weg der ohnehin überlasteten Kellner (weil es zu wenige sind) verkürzt wird, verlegt man die Küche größtenteils vom Souterrain ins Parterre. Weniger Köche bedingen mehr Maschinen, zu wenig Hilfen beim Abwasch bedingen leistungsfähigere Maschinen.

Dafür nimmt die Gästeschar im Winter stetig zu, wird anspruchsvoller und verlangt ein Nachtleben. Das Kurhaus braucht somit ein Dancing, einen zweiten Speisesaal, mehr Küchen- und Kühlraum, eine Tiefkühlanlage und so viele Badezimmer wie möglich. Dummerweise rinnen immer irgendwelche Dächer und verschlingen dicke Reparatursummen, die ansonsten erfreulicher eingesetzt werden könnten. Im nächsten Winter sollen 180 Gäste im Park Hotel Platz finden, wobei die Villa Silvana einige Dependance-Zimmer beisteuert, ohne vorläufig den Status des Appartementhauses aufzugeben. Und nun geht's an die Arbeit; der Schreiner spuckt sich in die Hände und erhält eine neue Holzbearbeitungsmaschine.

Im Hotel Segnes findet wieder einmal Wachtablösung statt: Giorgio und Meta Rocco gehen, Andreas und Ruth Klainguti kommen. Wie die Vorgänger haben auch sie die Sporen im Park Hotel abverdient und sind somit keine unbekannten Größen.
Mitte Februar kassiert die Sesselbahn AG einen schweren Schlag: die obere Station der Strecke Flims–Foppa brennt infolge eines Kurzschlusses völlig nieder. Für den Rest der Saison können sich die Skifahrer per Jeep nach Foppa rütteln lassen oder in großer Sportlichkeit zu den Seehundfellen greifen. Wenigstens kann auf der Strecke Foppa–Naraus gefahren werden.
Flims lobt sich vieler Wiederkehrer; es wurde in all den Jahren zum traditionellen Ferienort und nicht zum Rummelplatz. Im Winter ist die Gästeschar noch übersehbar, man kennt sich, trifft sich beim Sport, feiert Feste in großer Runde – kurz, man fühlt sich familiär. Mit Wehmut denkt heute manch treuer Gast zurück!

1954   Der Ölkönig Onassis läßt den größten Tanker der Welt bauen; Nasser wird Präsident in Ägypten; Dien-Bien-Phu fällt, und somit hat Frankreich in Asien ausgespielt; die zukunftsbelastende Teilung Vietnams wird vollzogen. Die Schweiz beschließt den Verfassungsartikel über den Gewässerschutz.

Der Verwaltungsrat der Kurhotels und Seebad AG beschließt den Personalfürsorgefonds. Dieser Fonds ist für die ganzjährigen Angestellten gedacht und erfüllt drei Funktionen: Eine Alters-, Invaliden- und Hinterbliebenenfürsorge, eine Sparversicherung und eine Hilfskasse zur Unterstützung in Notfällen.
Der soziale Gedanke wird durch die Welt getragen, doch die nationale AHV-Rente ist vorläufig noch minim. So fühlt sich die Gesellschaft ihren treuen Angestellten verpflichtet. Sie sehen, die Zeiten haben sich geändert: hat sich früher der Angestellte um den Arbeitsplatz bemüht, so muß sich heute der Arbeitgeber um den Angestellten bemühen. Saisonangestellte sind immer schwerer zu bekommen; ein Glück, daß ihnen das Park Hotel nun auch zwei Saisons bieten kann. Die gesamtschweizerische Wintersaison benötigt noch nicht so viele Leute, so daß man sich eine Auslese aus dem Sommerpoten-

tial herauspicken kann. Die Gesellschaft bemüht sich, die Vor- und Nachsaison so weit als möglich auszudehnen, indem sie sich um Kongresse und Tagungen bewirbt; das Casino kann dazu bestens gebraucht werden, und der Kurverein trägt das seine auch dazu bei. In der Zwischenzeit pendeln etliche der Angestellten in den sonnigen Tessin, dessen Hochsaisons diametral zu den bündnerischen liegen (nicht mehr lange, denn dort bemüht man sich, aus zwei Saisons eine einzige zu machen), oder sie kommen in Stadthotels unter, oder sie kehren zurück ins Ausland, oder sie sind wandlungsfähig, tauschen die Casserolier-Schürze gegen die Gärtnerschürze, die Putzmaschine gegen die Maurerkelle, hängen den Concièrge-Cutaway in den Schrank, schlüpfen in den Overall und werden zum Tapezierer, legen den Chauffeurhut aufs Regal und nehmen den Malerpinsel in die Hand. Dies sind hochgeschätzte Leute, ohne die die vielen im allerletzten Moment gerade noch fertig werdenden Renovationsarbeiten vielfach überhaupt nicht fertig würden. Denn die allgemeine Baulust im Ort wächst mit den Logiernächten, leider wachsen den Handwerkern aber keine zusätzlichen Hände.

Es ist eine Glückssache, eine durchwegs gute Kellnerbrigade zu bekommen. Aber wenigstens sind immer ein paar eingearbeitete, treue Wiederkehrer dabei, im übrigen muß man nehmen, was kommt – manchmal kommt Komisches: da hat einer, der schon auf höherer Stufe stehen will, noch nie etwas von Spargeln gehört, oder er serviert Suppenteller zum Fleischgang, Messer zum Fisch oder Wassergläser zum Champagner. Und wenn sie dann etwas gelernt haben und endlich wissen «wo, was und wie», ist die Saison zu Ende...
Nicht nur zur Freude des Gastes, sondern auch zur Vereinfachung des Service entstand im Park Hotel das mittägliche reiche «Hors-d'oeuvre-Buffet». Jetzt muß der Gast nicht mehr hungrig am Tisch sitzen und ungeduldig auf den ersten Gang des Mahles warten, sondern kann am Buffet selbst seinen Teller mit Herrlichkeiten beladen. Aber das ist nicht alles; wenn die partielle Selbstbedienung ein Plus für den Service bedeutet, so ist die Erweiterung des traditionellen Hotelmenus eher ein Minus. Es bleibt also beim Alten. Halt, nein! Für den Gast sicher nicht. Er kann nun unter vielerlei leckeren Angeboten wählen, und der Kellner wiederum kann sie ihm mit verwechselten Beilagen servieren... Trotz solcher Zwischenfälle ist

der Erfolg dieser Aktion durchschlagend, ja sogar bahnbrechend für die kulinarische Sparte der Hotellerie. Die Direktion erntet Komplimente und leitet sie in Form einer Gratifikation an den Küchenchef weiter. Nur ein Gast reagiert negativ: ihm bedeutet die Qual der Wahl Belastung, und er zieht ins Hotel Segnes!
Roman Bezzola wird in den Zentralvorstand des Schweizerischen Hotelliervereins gewählt. Dort kämpft er, unter anderem, für die Einführung des Pauschalpreises, das heißt, im Preisangebot eines Hotels sollen alle Nebenkosten wie Service, Kurtaxe, Heizung usw. eingeschlossen sein. Die Kurhotels in Flims gehören dann auch zu den ersten, die diese Neuerung einführen.
Wo früher im finsteren Gewölbe des Kurhauskellers Äpfel und Kartoffeln lagerten, werden jetzt fröhliche Feste gefeiert. Das Kellergeschoß wurde apart eingekleidet und macht diesen Winter sein Début als Dancing-Bar «Il Tschalér», was zwar immer noch Keller heißt, jedoch, um seinen kulturellen Anstieg zu betonen, auf romanisch. Wie Sie sehen, ist das anfänglich als ruhiges Familienhotel geplante Winter-Park-Hotel zum betriebsfreudigen Sporthotel geworden, in welchem das Organisieren des Après-Skisportes für die Direktion zu einer wesentlichen Aufgabe wird. Die «Montmartre-Maskeraden» und die «Schnauzabende» fallen immer mehr aus der Mode, dafür tanzen, singen oder zaubern sogenannte «Floor-Shows» auf dem Parkett des «Tschalérs». Dort spielt auch ein Orchester so vielseitig wie möglich, denn mit dem Flugverkehr wird auch die Gästeschar wieder international. Ach, und man ißt halt so schrecklich gern gut und apart! So werden die Dinner-Dances in der Kellerbar zur Tradition, wo Trachtenmädchen Bünder Spezialitäten reichen, rassige Ländlermusik dazu erklingt, der Veltliner fließt und Roman Bezzola persönlich eine kulinarisch-romanische Einführung in die Eigenheiten eines Bündner Beinwurstessens gibt. Wenn einerseits die Ausdrucksweise mehr und mehr veramerikanisiert wird, freut sich der Gast anderseits mehr und mehr am Einheimisch-Rustikalen, sei es kulinarisch oder architektonisch.
Die Logiernächte nehmen erfreulich zu. Endlich bekommt die Schweizerische Hotellerie den Aufwind der wirbelnden Industrie zu spüren, die Auswirkung des Beitrittes zur europäischen Zahlungsunion und der ausländischen Teuerung. Im nördlichen Nachbarland

entfaltet sich das Wirtschaftswunder, dessen Kinder in Zukunft den Schweizer Kurorten zu wunderbarer Entfaltung verhelfen werden. Der Kurdirektor braucht für die winterlichen Belange einen Sportsekretär, die Skischule ein eigenes Bürohäuschen. Die Bauernsöhne werden Skilehrer und somit als braungebrannte Apollos von der Damenwelt angebetet. Sie sind ein wichtiger Bestandteil der Wintersaison und bestreiten unter anderem das bunte Programm an den heiteren Skischulabenden, indem sie in hinreißender Komik eine «New Orleans Jazz Band» imitieren oder als kurzgeschürzte Ballerinen das «Schneeballett» tanzen. Ein anderes wichtiges Winter-Requisit sind die Bahnen. Darum wird im nächsten Jahr der Prau-Ault-Lift erstellt und eine Schwebebahn nach Cassons in Angriff genommen.

Innert sechs Jahren steigen die Wintereinnahmen der Gesellschaft um 200 Prozent und die Flimser Eishockeymannschaft in die Liga A. Der Verwaltungsrat erhält erstmals wieder eine Entschädigung, und Roman Bezzola kann mit stolzer Genugtuung auf 25 Dienstjahre zurückblicken. Aber er blickt nur einen Augenblick, denn er hält schon wieder dicke Rollen mit Zukunftsplänen in Händen, was bedingt, daß er nach deren Finanzierung ausblickt. Die Banken haben noch immer kein rechtes Vertrauen zu der Kurhotels und Seebad AG, einem Betrieb mit 42 Hektaren Land und Aktiven, die mit zirka vier Millionen Franken in der Bilanz stehen und deren Versicherungswert etwa fünfmal so hoch ist ... Schütteln Sie verwundert den Kopf? Ich auch. Zu den ständigen Neuerungen möchte die Gesellschaft nun auch eine Neuregelung der Darlehen vornehmen, und siehe, die Pensionskassen der Wirtschaft sind zukunftsgläubiger als die ängstlichen Banken. Je ein großes Unternehmen aus der Maschinen- und Elektroindustrie helfen mit, das Konversionsprogramm zu verwirklichen; die Verwaltungsräte und die Direktion triumphieren, und die Pläne können nun nach und nach aufgerollt werden:
Die Villa Belmont wird ausgebaut und erhält ein neues Dach (das dritte). Das Kurhaus bekommt eine Reihe neuer Balkone, der Park einen Minigolf, das Casino ein neues Restaurant und die Sesselbahn AG einen rechten Zustupf zum Bau der Cassonsbahn.
Man bucht Höchstfrequenzen im Sommer. Die Einführung gestaffelter Sommerferien der Schulen hilft mit, die Hochsaison auszudeh-

nen. Daß ein Teil der Gäste im Aussichtsrestaurant essen kann und dafür Zuschlag bezahlt, der andere Teil jedoch im Jugendstil-Speisesaal ohne Zuschlag, ist ein Quell steter Streitigkeiten. Ab nächstem Jahr wird dieser Quell nun zu aller Freude versiegen. Dieses neue Aussichtsrestaurant kann vollständig aus eigenen Mitteln gebaut werden – ein Denkmal für Zähigkeit und Ausdauer der leitenden Männer. Und wenn dann Gäste aus dem Wirtschaftswunderland sagen: «Na, Sie ham ja och janz schön jebaut», dann erwidert Roman Bezzola mit maliziösem Lächeln: «Ja, und ganz ohne Marshall-Plan!»

1956 Ein Telefonkabel verbindet Europa mit USA. Der Kinsey-Report besext die Welt. Rußland zerschmettert brutal den Freiheitsaufstand in Ungarn. Die Schweiz tritt der Eurotron bei und baut ihren ersten Reaktor.

Die Kurhotels und Seebad AG zahlt erstmals wieder Dividende. Somit wäre der «Karren» aus dem Dreck gezogen. Außer genügend Personal ist alles zu bekommen, sogar Kredite – doch jetzt kommt man bald ohne sie aus. Es wird von allem mehr und mehr; mehr Menschen, mehr Häuser, mehr Autos, mehr Parkplatzsorgen, mehr Fernseher, mehr Telefone, mehr Mißverständnisse. Und die Wirtschaft läuft sich heiß, um die immer neuen Bedürfnisse dieses Mehrs zu befriedigen.
Man fährt jetzt mit der Luftseilbahn auf den Cassonsgrat und mit Metallskis in Kurzschwüngen über einen Steilhang von tausend Meter Höhendifferenz wieder hinunter. Man läßt sich in einem Pendelbus vom Waldhaus bis nach Fidaz fahren. Man leiht sich von der Sesselbahn einen Schlitten und saust damit von Foppa ins Tal. Man spielt im Curlingclub laufend um prächtige Pokale. Auch die Anzahl der Curlingbahnen wird erweitert. Clubmitglieder leisten Fronarbeit beim Bau. Die Kurhotels und Seebad AG stellt das Terrain zur Verfügung, und ihr Generaldirektor bekommt für seine aktive Unterstützung keinen Orden, aber eine Buße! Wieso? Wegen Kahlschlag! Waren's zwei oder vier Bäume? Kurzum, er ließ sie fällen, denn der Winter stand vor der Tür, es mußte gehandelt werden, und der Gemeindeförster ließ sich nie blicken, um den dazu erforderlichen

Segen zu geben. Dafür erschien er später als erzürnte Majestät und verklagte Roman Bezzola beim hohen Gericht auf Kahlschlag – heute werden ganze Alleen gemordet, ganze Wälder abrasiert für Siedlungen, für Autobahnen, für Skipisten ... aber das ist natürlich kein Kahlschlag!

Nun wird die Villa Belmont als winterliches Hotel Garni eröffnet, mausert sich aber in kurzer Zeit zu einem Familienhotel und nimmt somit den Platz des Park Hotels der ersten Wintersaison ein.

Es ist an der Zeit, daß auch im Hotel Segnes ein Eingriff vorgenommen wird. Ein neuer Speisesaal ist dringend vonnöten und als zweite Folge gar ein regelrechter Anbau. Da nämlich demnächst die Flimser Straße zum Ausbau gelangt, wird die Villa Erica ein Opfer der Verbreiterung, ein gern gebrachtes, da vom Kanton bezahltes Opfer. Damit aber infolgedessen die Bettenzahl des Hotels nicht vermindert wird und weil sowieso moderne Zimmer mit Bad verlangt werden und weil man dann gleich noch einige mehr bauen kann, deshalb ist ein Anbau und Aufbau geplant.

Die Schweizerische Hoteltreuhand-Gesellschaft hat sich in eine Bürgschaftsgenossenschaft zur Erneuerung der Saisonhotellerie gewandelt, an der sich auch die Kurhotels und Seebad AG beteiligt.

Im nächsten Jahr umkreist der Sputnik die Welt, die kleiner wird und kleiner, während das All uns näher rückt. Man telefoniert nach Australien, fliegt rasch geschäftlich nach New York und liest in der Zeitung von einem Busunglück in Hinterindien. Die östlichen und westlichen Großmächte rüsten, um gerüstet zu sein; bauen im geheimen immer verheerendere Nuklearwaffen und erheben ihre lüsternen Augen zum Mond. In der Schweiz verhelfen 377 000 Fremdarbeiter der Wirtschaft zu üppigster Blütenpracht. Aber je mehr Wohlstand, desto weniger Personal – denn der Schweizer ist am liebsten immer ein Boß ...

DER BOOM

1958 General de Gaulle wird Frankreichs Präsident und gründet die fünfte Republik; China bildet die Volkskommunen und schürt damit die Gehässigkeit Rußlands; die Schweiz beginnt mit dem Bau der Nationalstraßen.

In Flims trauert die Kurhotels und Seebad AG um ihren Präsidenten und freut sich an der Hochzeit des Hoteliernachwuchses. Gustav Lorenz, der unermüdlich um das Wohl seiner Gesellschaft bemühte Präsident, ist nach kurzer Krankheit verschieden. Weise, gut und tatkräftig, war er lange Zeit die Vatergestalt des Unternehmens. Sein Nachfolger wird Ingenieur Hans Fontana.
Es ist an der Zeit, einen Rapport über die Familie Bezzola zu machen. Von den drei Töchtern stapft Nummer eins seit einigen Jahren eifrig in den Fußstapfen der Eltern. Nummer zwei tut dasselbe nur zeitweise, denn ihr Hauptinteresse sind Hunde, die sie in Tierklinik und Hundeheim liebevoll betreut, und Nummer drei beendet soeben ihre kommerzielle Ausbildung. Und wie es im Leben halt so geht, ausgerechnet Nummer zwei verliebt sich in den Vizedirektor, und eh' man sich's versieht, ist aus den zwei ein Paar geworden: Hugo und Maya Nußli-Bezzola, wobei nun Maya von der Hundeklientel wieder zur Menschenklientel wechselt, was ein weniger krasser Wechsel ist, als Sie denken! Der Ehemann ist schon seit ein paar Jahren eine sehr geschätzte Kraft im Park Hotel, ein rühriger Organisator voller neuer Ideen und der Ankurbler der Kongreß-Ära. Doch kaum ist ein Hochzeitsfest verklungen, kann schon das nächste vorbereitet werden, diesmal für Tochter Nummer eins. Sie heiratet keinen Hotelier, wird Hausfrau und wechselt somit vom «en gros» ins «détail». Und Nummer drei übernimmt nun die Fußstapfen.
Zum Start der nächsten Renovationsetappe wird das Aktienkapital auf eine Million Franken erhöht. Nun bekommt das Hotel Segnes seinen neuen Speisesaal und obendrauf gesetzt gleich noch zwei Stockwerke mit Zimmern.

Erinnern Sie sich noch an das Fragezeichen hinter der verpachteten Landwirtschaft? Also jetzt ist es endgültig aus! Der Pächter steht im Konkurs, die letzten Kühlein sind unter dem Hammer und der in letzter Zeit nicht mehr eingegangene Pachtzins im Eimer. Es war schon immer eine Misere mit der Landwirtschaft, aber in den vergangenen Jahren hat der Pächter anstelle eines Misthaufens einen Schuldenberg gehäuft, und nun ist sie an der Auszehrung gestorben. Somit hat die Buchhaltung ein Konto weniger und das Hotel ein Haus mehr. Der obere Stock der «Villa Muh» wird nun zu Angestelltenwohnungen, der Kuhstall zur Remise, das Heutenn kommt der Schreinerei zugute, nur der Pferdestall bleibt sich treu und beherbergt Pferde einer Reitschule. Auf den Wiesen weidet ein jugendlicher Hirte gesellschaftseigene Schafe (wie auch schon), und die tierpflegerischen Kenntnisse von Maya Nußli sind jeweilen sehr gefragt. Doch da das importierte Schaffleisch aus Neuseeland billiger ist als dasjenige aus eigener Zucht, und weil die damit verbundenen Umtriebe sowieso nur Belastungen für Überbelastete bringen, wird dieser neue Zweig bald wieder abgesägt. Es weiden zwar heute immer noch Schafe auf diesen Weiden – nur sind es keine «Gesellschafts-Schafe».

Im nächsten Jahr bekommt das Ehepaar Nußli die Direktion vom Park Hotel, die Villa Silvana einen neuen Eingang und Flims eine neue Brücke, die zwar einstürzt, bevor sie fertig ist (zum Glück bevor!), aber im zweiten Anlauf Dorf und Waldhaus als elegantes Bauwerk verbindet. Laßt uns hoffen, daß sich somit die zwei Exponenten nicht nur geographisch, sondern auch in der Mentalität näherrücken!

Während der Kanton die Zufahrtsstraße nach Flims zusehends verbessert und somit das Heranrollen der Blechlawine erleichtert, steigen die Logiernachtzahlen stetig. Immer neue Gästebetten werden zum Bezug bereit gestellt, immer mehr Raum wird von parkenden Autos bezogen. Wohl sind für die Flimser die Chrom-Blech-Einrahmungen ihrer Straßen ein Zeichen von Prosperität, für die Gäste jedoch sind sie Behinderung und Augenschande. Es wird geschimpft über die vielen Autos – aber das eigene hätte man am liebsten gleich vor der Zimmertür ... so ist der Mensch! Man schafft Parkplätze – aber wer geht schon gern ein paar Schritte zu Fuß, lieber parkiert

man am Straßenrand. Parkverbote? Man läßt sich doch seine Ferien nicht durch Parkverbote vermasseln! Sie sollen sich an die Regeln halten! – Die Andern.
Der Verkehrsverein sucht nach einer Lösung des Parkproblems. Auch nach neuen Skigebieten wird gesucht. Roman Bezzola versucht den idealen Skiberg Crap Sogn Gion mit verschiedenen Projekten von Flimser Seite her zu erreichen. Heute ist nah, was gestern fern war! Auch nach einem Golfplatz wird eifrig Ausschau gehalten. Leider besteht das geeignete Gebiet immer aus einem Haufen Kleinparzellen, deren viele Besitzer nicht unter einen Hut zu bringen sind...
Die immer häufigeren Kongresse Anfang und Ende der Saison tragen dazu bei, Flims publik zu machen. Die großen Bankette finden im Casino statt und werden jetzt schon sehr gekonnt organisiert. Früher gab es manchmal Pannen, denn alles will gelernt sein. Aber nichts ist höher zu schätzen als Erfahrung, deshalb wird heute bestimmt keine «Piccata con Spaghetti al sugo» für ein Essen von 500 Personen serviert und ebensowenig «Forelle blau». Denn die Spaghetti-Schlacht war dereinst grandios, und bei den Forellen beugte sich ein rotgesichtiges Direktionspaar über den großen Fischkessel und flüsterte sich zu, während es im trüben Sud fischte: «Hast du einen Kopf? Ich habe einen Schwanz!» Und dann mußte das Ding mit einem chirurgischen Trick zusammengesetzt werden. – Also diese Zeiten sind vorbei!
Andere Zeiten sind auch vorbei, jene der formellen Abendkleidung. Mode ist Spaß geworden, nicht mehr Zwang, und so läßt man sich nicht gerne in Roben zwängen, wenn man keine Lust dazu hat. Ein Herr kann sich auch ohne Krawatte elegant kleiden, und eine Dame in langen Hosen kann sehr damenhaft wirken; salopp kann adrett sein, und sportlich kann chic sein. War früher dem Engländer «to change for dinner» heilig, so wird dies von der heutigen Generation mit Füßen getreten, und sie erscheint oft mit der größten Selbstverständlichkeit zum Abendessen und sogar zum Galadiner in dicken Pullovern, zerknitterten Jeans und schmierigen Hemden. In solchen Fällen muß dann wohl oder übel wieder sanfter Zwang eingeführt werden – Jackettzwang. Denn der Anschein einer Rummelbude wäre für ein Erstklaßhaus doch nicht ganz das Richtige.

1960 Das amerikanische Atomunterseeboot «Nautilus» umfährt die Welt ohne aufzutauchen. Brasilia wird neue Hauptstadt von Brasilien; John Kennedy wird neuer Präsident der USA und kann sich gleich im Kuba-Zuckerkrieg bewähren. Der Kongo wird selbständig, und damit beginnen die mörderischen Katangawirren.

Während der schwarze Kontinent durch die Entkolonisation erhitzt wird, steigt das schweizerische Baufieber stetig. Flims erkrankt an «Profititis», und die Gemeinde erläßt ein Baugesetz, um zu vermeiden, daß der Ort durch Hochhäuser und Flachdächer verschandelt wird. (Daß er durch zu viele Häuser einmal aus dem Gleichgewicht geraten könnte, glaubt man aber nicht.) – Man kann zusehen, wie sich der Kurort herausputzt – das große Renovieren hat begonnen. Aus Pensionen werden gemütliche Kleinhotels, aus großen Wohnhäusern kleine Garni-Hotels, und erstmals seit 50 Jahren entsteht ein Hotelneubau, Meilers Garni. Die Kurhotels und Seebad AG «verrenoviert» jährlich zirka eine Million Franken aus eigener Kraft! Die Villa Belmont funktioniert nun nicht nur im Winter als selbständiges Hotel, sondern auch während der Vor- und Nachsaison.

Jede Wintersaison überflügelt die vorhergegangene. Mehr Gäste erfordern mehr Angestellte. Im Wäschereihaus wird eine Heizung eingebaut, um die dortigen Personalzimmer zu nutzen. Im Sommer aber ist man jeweilen glücklich, wenn alle Personalzimmer bestückt sind ... Am übelsten ist, Angestellte für Angestellte zu finden, das heißt Personalköchin, Personalzimmermädchen, Personalservirerin. Aus diesem Grunde hat die Direktion beschlossen, die Selbstbedienung bei den Angestelltenmahlzeiten einzuführen. Was aber in Amerika recht ist, ist hier noch lange nicht billig – die Angestellten protestieren, drohen mit Streik, setzen sich eisern an die Tische und wollen bedient sein! Und was geschieht? Sie werden bedient. Und zwar von der Frau Generaldirektor und der Frau Direktor höchstpersönlich! Das war den meisten doch sehr peinlich, und am nächsten Tag sitzen nur noch die Hartköpfigsten an der Tafel und lassen sich bedienen. Bei der nächsten Mahlzeit steht das direktoriale Servierteam vergeblich bereit. Seither klappt die Selbstbedienung aufs beste – oft ist es eine Kunst, alte Zöpfe abzuschneiden!

Neuerdings kommen Angestellte aus Spanien zu Hilfe. Man freut sich sehr und nimmt die kleinen Beschwerlichkeiten der spanischen Sprache und Eigenart gerne in Kauf. Es ist erfreulich, wie rasch Arbeitnehmer und Arbeitgeber aneinander lernen. Erst sprechen die Vorgesetzten italienisch-spanische Kuriositäten und werden meistens verstanden, dann reden die Angestellten spanisch-italienische Brocken und werden immer verstanden. Und wenn die Kellner auf ihre Bons «café olé» schreiben, anstatt «café au lait», so versteht man auch dies. Mit den jungen Irländerinnen hingegen hatte man kein Glück. Nichts gegen Irländerinnen im allgemeinen, man hatte einfach die falschen erwischt; man erhoffte sich nämlich tatkräftige Officehilfen. Ankamen aber junge Dämchen, die in voller Kriegsbemalung und Gummihandschuhen ihr tägliches Soll kaum erfüllten und vom jeweiligen Nachtleben morgens total erschöpft waren!
Das Badeleben am Caumasee wird an sonnigen Weekends zum Baderummel. Zwar sind dieses Jahr solche Tage spärlich. Einer jener verhaßten Regensommer ist wieder an der Reihe, und der Hoteldirektor und das Barometer werden gleichermaßen von Wetter-Interpellanten beklopft. Dem Barometer hängt man dann ein Schildchen an: «Das Wetter wird durch Klopfen nicht besser, das Barometer aber ganz sicher schlechter.» Der Direktor darf sich kein Schildchen umhängen, dafür macht er sich dünn und verschwindet hinter die Kulissen, um von dort aus ein abwechslungsreiches Drinnenleben für die Gäste zu organisieren und den Menuplan dem Wetter anzupassen, denn «Köstlichkeiten im Bauch ersetzen die Sonne auch» – wenigstens für kurze Zeit. Aber zurück zum Seebad: dort braucht die Badeanstalt ein neues Dach. Ein teurer Spaß, der trotz der Idee eines Neubaues sofort verwirklicht werden muß. Auch die sanitären Einrichtungen müssen erweitert werden, und der Lift kommt in Generalrevision.
Die Gemeinde Flims hat eine mutige Entscheidung getroffen: sie tritt der japanischen Transistorenschwemme insofern entgegen, als sie die sich im Galopp in alle Winkel verbreitenden indiskreten Äthertöne im Seebad, in den Wäldern und öffentlichen Anlagen einfach verbietet. Recht so!
Die Sesselbahn AG läßt sich umtaufen und heißt nun AG Bergbahnen Flims. Wie Sie richtig ahnen, will man Bergbahnen bauen. Zu-

erst die Sesselbahn Stargels–Nagiens, dann weitere Skilifte in diesem Gebiet, und somit beginnt die «weiße Arena» ihr Sein.
Im nächsten Jahr läßt die DDR die Trennmauer in Berlin hochwachsen, während sich bei uns die Lohn-Preis-Spirale hochschraubt.
Die Schweizer Banken werden zu internationalen Sparschweinchen und investieren ihre Millionen freudvoll in alle möglichen Projekte des wild wachsenden Fremdenverkehrs, der sich als schwellender Sturzbach in den Staatshaushalt ergießt. Die Devisenflut, die er mitführt, übersteigt schon diejenige der Käse- und Schokoladenexporte und rangiert nun hinter Maschinen, Chemie und Uhren. Somit verdient der Fremdenverkehr das Attribut «Industrie», also Fremdenindustrie. Und die Schattenseiten der Industrialisierung lassen nicht auf sich warten! Wo viel Licht ist, ist starker Schatten.
In Laax wird die Crap Sogn Gion AG gegründet und damit das herrliche Skigebiet des ebenso genannten Berges erschlossen. Flims freut sich und hofft auf fruchtbare Zusammenarbeit.
Die Nationalstraße N13 wächst, die Zufahrts- und Gemeindestraßen werden saniert, Paßstraßen ausgebaut, und die Arbeiten am San-Bernardino-Tunnel schreiten gut voran. Infolge einer Verbesserung der Landstraße kommt das Hotel Bellavista zu einer Liegeterrasse. Und weil man schon am Bauen ist, wird gleich die Halle renoviert. Das Ehepaar Dettwyler zieht sich in den verdienten Ruhestand zurück, und die Direktion wird Bertha Huber übertragen.
Der Skiclub baut ein Restaurant in Foppa. Am Eisplatz brennt das Curlingclubhäuschen ab und wird durch ein größeres ersetzt. Ständig vergrößert hat sich auch der Stab des Kurvereins; er ist mittlerweile auf 80 Arbeitskräfte angewachsen.
Roman Bezzola wird in den Verwaltungsrat der Kurhotels und Seebad AG gewählt und erlebt gleich zu Beginn einen Blitz aus heiterem Himmel: Die Gemeinde kündigt den Caumaseevertrag! Aufreibende Verhandlungen beginnen, Rechtsbeistand hier, Rechtsbeistand dort, eine sogenannte Caumaseekommission wird gegründet; das unerfreuliche Seilziehen beginnt. Wenn die Gemeinde das Seebad übernehmen will, dann bitte, denn ein Geschäft war es für die Gesellschaft nie. Dies zeigt die folgende Aufstellung einer durchschnittlichen Saison deutlich: von 112 Betriebstagen sind 12 außerordentlich, 10 sehr gut, 13 gut, 17 schwach und 60 defizitär. Aber

alle Investitionen für einen Pappenstiel hergeben, nein! Neue Vertragsvorschläge werden ausgearbeitet, und seitens der Gesellschaft werden Projekte für eine neue Badeanstalt gemacht (die mit der heutigen ziemlich identisch sind). Aber die Versuche einer Lösung des Konfliktes bleiben ziemlich einseitig – das Badeleben aber geht weiter, finanziert von der Gesellschaft ... trotzdem. Der Quellenstreit mit der Gemeinde Laax ist übrigens auch noch in vollem Gange; Sie sehen, für Ärger ist gesorgt!

1962 Dürrenmatt erschreckt das Publikum mit den «Physikern»; Kuba erschreckt den Westen mit russischen Raketenbasen. Amerika reagiert mit einer massiven Gegendrohung, und die Welt hält einen Moment lang den Atem an. Aber Ares betritt die Bühne nicht, Gott sei Dank!

Somit kann wieder fröhlich weiter gewirtschaftet werden. Lohn und Preis jagen sich weiterhin eifrig die Wendeltreppe hoch. Trotz enorm steigender Baukosten wird enorm gebaut – denn nächstes Jahr wird es bestimmt noch teurer! Die Gemeinde Flims hat ihr zweites Elektrizitätswerk im Val de Mulin fertiggestellt, der Vorsprung des galoppierenden Stromverbrauches ist aber kaum mehr einzuholen. Die Kurhotels und Seebad AG hat ihre Gärtnerei ausgebaut. Neue Treibhäuser entstanden, dazu das Chalet «Las Fluras» mit Gärtnerwohnung und Blumenladen (der zwar mittlerweile wieder in eine Wohnung umstrukturiert wurde). Das Hotel Segnes prunkt stolz mit neuem Flügel, sozusagen ein Flügel des Phönix aus den Trümmern der abgebrochenen Villa Erica. Nun hat dieses Hotel ein neues Gesicht, birgt 120 Betten und erlebt sogleich einen lebhaften Aufschwung. Am Kurhaus wird auch eine Retouche vorgenommen: ein dem Standard des Hotels angemessenes Entrée. Es war schon lange fällig!

Im nächsten Jahr wird dem Kurhaus ein eleganter Speisesaal angebaut. Der bisherige wird für eine Hallenerweiterung gebraucht, und die Küche bekommt auch endlich mehr Raum. Ein sehr gelungener Umbau, der zur «Veredelung» des Park Hotels beiträgt. Dagegen stiftet der neue Kleincomputer im Büro einiges an Verwirrung, läßt ganz nach seiner Laune Gästerechnungen schrumpfen oder wachsen und bringt die Nerven des Kassiers in einen argen Zustand. Die Fütterung eines Computers will gelernt sein ... aber mittlerweile herrscht wieder Frieden im Rechnungswesen.

Apropos Rechnungen: das Konto Caumasee wird wieder einmal schwer belastet. Die Schwimmcaissons der Badeanstalt sind durchgerostet. Trotz der «schwebenden» Caumaseesituation wird erwartet, daß die Badeanstalt schwimmt. Zwei Caissons kosten 40 000 Franken, zwei andere füllt man mit Styropor, was billiger ist, aber wenigstens einige Jahre Schwimmtüchtigkeit garantiert. Wer weiß, wie lange die Verhandlungen noch dauern werden!

Der vergangene Winter war der strengste seit langen Jahren. Sogar der Bodensee war total zugefroren; nur die rechtsgelegene Bucht des Caumasees sah wie ein klares blaues Auge aus all dem Weiß heraus. Eine dichte Schneedecke lag auf der ganzen Schweiz, und der Wintersport konnte vor dem Haus abgehalten werden. Die Hotelfrequenzen wurden prompt rückläufig.

Ein Erdbeben läßt die Stadt Skoplje zu einem Massengrab werden, ein Flugzeugabsturz der Swissair läßt die Kinder eines Dorfes zu Waisen werden. Traurige Welt! Präsident Kennedy wird ermordet. Brutale Welt! In Flims fallen Mitte August vierzig Zentimeter Neuschnee. Verrückte Welt! Als ob sich der Winter zu seiner Zeit nicht genügend ausgetobt hätte, leistet er sich nun in einem sommerlichen Kurort schwerwiegende Extravaganzen, zerquetscht die Blumenpracht, knickt Wipfel wie Zündhölzer, legt den Verkehr lahm und schließt verdatterte Gäste ins Haus. Aber die Kinder aus Südamerika formen den ersten Schneeball ihres Lebens, und Flims wird für immer in ihrem Gedächtnis bleiben als stille, weiße, glitzernde Welt, als flauschig-weiches, kaltes Erlebnis.

Ein schlechtes Zeugnis ist für unsere – ach so zivilisierte – Menschheit der Ausbruch von Typhus in einem bekannten Bergkurort. Viele Gemeinden nehmen sich dieses Warnbeispiel zu Herzen, kontrollieren eilig ihre Zuflüsse und Abwässer und kümmern sich um die vernachlässigte Infrastruktur ihres Ortes.

1964 Chruschtschew wird abgesetzt. Der Vietnamkrieg bricht aus. China erprobt seine erste Atombombe.

Wieder einmal steht die Eröffnung der Schweizerischen Landesausstellung unter einem von Kriegswolken verdüsterten Himmel – es fehlte gerade noch, daß ..., aber die Wolken verziehen sich und entladen sich über dem unglücklich geteilten Vietnam, das nun zum Schlachtfeld der östlichen und westlichen Supermächte wird. Vietnam ist fern, und so boomt der europäische Boom weiter, die Inflation im Schlepptau hinter sich herziehend. Die Schweiz versucht Vorkehrungen zu treffen; sie beschließt Kreditrestriktionen und Baurestriktionen. Der Bund aber jongliert immer mit Millionendefiziten, denn man verlangt Nationalstraßen, Krankenhäuser, Schulen, und die sozialen Institutionen blähen sich gewaltig auf, nicht zu reden von der hohlen Hand der PTT und der Anschaffung von Kampfflugzeugen. Der Schweizer? Mit einer Hand gibt er, mit der anderen nimmt er, und zwischendrin brummt er. Dabei geht es ihm prächtig, jedes Jahr verdient er mehr, jedes Jahr verkauft er seinen Boden teurer! Aber ganz still geht ein böses Ahnen um. – Herr Schweizer reagiert folgendermaßen darauf: entweder er sucht Sündenböcke oder er spielt eine abgewandelte Vogel-Strauß-Politik, indem er seinen Kopf anstatt in den Sand in den Geldsack steckt. Die Fremdarbeiter machen nun fünfzehn Prozent der Bevölkerung aus. Gewisse Leute fordern eine drastische Senkung dieses Prozentsatzes. Es sind vielfach jene Leute, die ihren Arbeitsplatz den Fremdarbeitern überließen, um den sozialen Aufstieg unter die Füße zu nehmen. – Jetzt sind sie ihm böse, weil er oftmals eine Familie mitbringt, Wohnung braucht, Spitalbetten und Schulbänke.
Die Kreditrestriktionen haben bei der Kurhotels und Seebad AG bewirkt, daß die privaten Anleihen vorzeitig gekündigt wurden und nun bei Banken neu plaziert werden müssen – zu höherem Zins natürlich! Die Konti Löhne und Personalbeschaffung haben sich seit dem Vorjahr um 22 Prozent erhöht – die Hotelpreise natürlich nur um einen Kleinteil dieses Prozentsatzes. Hohe Löhne, Freizeit, Ferien und stets schrumpfende Arbeitszeit lassen die Ausgaben steil ansteigen, dafür wird der Gegenwert immer karger!
Dankbar und stolz können Betriebe sein, die über einen Stab treuer Mitarbeiter verfügen; die Kurhotels verfügen darüber. Trotzdem muß für jede Saison eine große Anzahl zusätzlicher Kräfte angeworben werden. Bis es soweit ist, braucht es manches Stoßgebet: «Lie-

ber Gott, laß Kellner werden!» (zum Beispiel). Oft behilft man sich, wie man kann. Denken Sie daran, wenn (zum Beispiel) das hübsche Mädchen im Schürzchen Sie falsch oder nicht versteht, Ihnen einen Cognac anstatt eines Calvados bringt, oder sich bei der Abrechnung irrt. Sie ist vielleicht eine Studentin aus Dallas oder von der Sorbonne und auf anderem Gebiet sehr klug. Dadurch, daß Bezzolatochter Nummer drei heiratet, wird das Arbeitspotential der Direktionsfamilie gekürzt, denn obwohl das junge Ehepaar branchentreu ist, wird getrennt marschiert, und nach ein paar Jahren wird es zum stolzen Besitzer des bekannten «Hotel Kreuz» in Balsthal.

Nach sechsjähriger Präsidentschaft tritt Ingenieur Hans Fontana sein Amt einer jüngeren Kraft ab, verbleibt aber weiterhin im Verwaltungsrat. Gustav Lorenz junior, der ihm als tatkräftiger Vize zur Seite gestanden ist, übernimmt nun wohlvorbereitet das Amt der Präsidentschaft.

Mit der Gemeinde wird immer noch um den See gefeilscht, mit Laax immer noch um die Quellen gestritten, und mit der Crap-Sogn-Gion-Gesellschaft wird um den Verteileransatz für die gemeinsamen Billette der «Weißen Arena» gezankt. Da hat man sich durch die schweren Anfänge des Winters gekämpft, dem Idealismus manches Opfer gebracht, und nun kommt eine frisch aus dem Ei geschlüpfte Gesellschaft und fordert und fordert! Aber auch weichherzige Idealisten kennen Grenzen, die der Gerechtigkeit halber verteidigt werden müssen. Die Mißstimmungen sind betrüblich, umsomehr, als der Gast Nachteile davon hat.

Der diesjährige Winter fällt ins andere Extrem, er ist seit hundert Jahren der trockenste! Wochenlang strahlende Sonne, aber Schnee liegt nur in den obersten Skigebieten. Welch ein Glück, daß eine Sesselbahn ins Nagiensgebiet fährt und der Skilift von La Siala die Skifahrer in eine Höhe von 2800 Meter führt. In den unteren Gefilden sind die Bahnen sieben Tage in der Weihnachtszeit und vierzehn Tage im Februar in Betrieb.

Durch den winterlichen Schneemangel ist der Wasserstand des Caumasees extrem niedrig. Die Badeanstalt steht fast im Trockenen. Damit dennoch Schwimmunterricht erteilt werden kann, läßt die Gesellschaft ein Spezialfloß mit Schwimmbecken bauen. Wieder ein Opfer!

Seit 1950 wurden in Flims 1,6 Millionen Quadratmeter Boden verkauft. Unter den Flimser Grundeigentümern sind 50 Prozent Auswärtige, davon 10 Prozent Ausländer. Die Skischullektionen stiegen innert fünf Jahren um das Dreifache. Und die Flimser Bürger haben das Gesetz für eine Zonenplanung verworfen! Die Kurhotels und Seebad AG zahlt sechs Prozent Dividende, baut die Zimmer der Villa Silvana aus und teilweise die Heizung im Casino, zwecks Unterbringung von Angestellten. Im Sommer wird die Tschalérbar zur Discothek für Jugendliche, wo in Miniröcken und verwaschenen Jeans den pilzköpfigen «Beatles» gehuldigt wird. Langhaarig wie einst Jesus, lockenprächtig wie einst die Musketiere, werden die jungen Herren von der älteren Generation oft unnötig bekrittelt. Vielleicht jedoch ist ihr Haarschmuck mehr Ausdruck uneingestandener Romantik als der einer demonstrativen gegensätzlichen Meinung. (Schon immer waren die Jungen anderer Meinung – jedenfalls solange, bis neue Junge anderer Meinung sind.) Und den Mädchen, die mit Vorliebe stets Hosen tragen, geht es wahrscheinlich mehr um die Bequemlichkeit als um Emanzipation. Die Leute tanzen noch herkömmlich, den Jugendlichen aber gehört der «Beat», zu dessen stampfenden Rhythmen sie in stummer, ernsthafter Entrücktheit ihre Gliedmaßen schütteln, wiegen und zucken. Die «Alten» schütteln dazu den Kopf und zucken mit den Schultern ... Im Winter werden diese «Sit-and-Dance-Ins» zur Teezeit abgehalten, denn abends spielt sich das allgemeine Nachtleben in der Kellerbar ab. Aber es werden auch elegante «Diner-Dansants» im neuen Speisesaal gegeben mit großen Tanzorchestern, erlesenen Tafelfreuden, Modeschauen, Star-Auftritten und Quiz-Preisfragen. Etwas besonderes ist bei dieser Gelegenheit die Durchführung der Flimser Olympiade. Dabei kämpfen Gäste beim Dreiradvelorennen, Minihürdenlauf, Spielautoslalom und vielen weiteren Geschicklichkeitsspielen um die begehrten Medaillen. Man bemerkt, allmählich verändert sich das Verhalten des Gastes vom bloßen «Nur-Zuschauen» (das kann er vor dem Fernsehschirm zur Genüge) zum vermehrten «Mitmachen». Am liebsten allerdings macht er beim Essen mit – das ist ja auch eine aktive Tätigkeit!

Wissen Sie,
ich bin kein großer Esser.
Aber das Hors-d'oeuvre-Buffet
ist auch gar zu verführerisch!
Ein bißchen geräucherte Forelle vielleicht;
ach, und Heringe natürlich;
und die herrlichen Salate,
die machen sowieso nicht dick. –
Noch ein Löffelchen Mayonnaise dazu . . .
Ausgerechnet heute gibt es hausgemachte Ravioli!
Machen wir eine Ausnahme.
Danach «Canard à l'Orange»,
herrlich!
Nachtisch?
«Baba au Rum» oder Erdbeeren?
Am liebsten beides!
Wissen Sie,
ich bin ja sonst ein kleiner Esser.
Heute abend ist Gala Diner.
Kaviar und «les trois filets».
Und eine Fürst-Pückler-Bombe.
Sie machen doch auch mit?
Man wird wohl vorerst
etwas für die Linie tun müssen,
schwimmen
oder einen Spaziergang nach Conn –
dort gibt es die beste Apfeltorte . . .
Morgen werde ich zum Frühstück
keinen Käse essen,
vielleicht,
denn abends ist ein
Spezialitätendiner im Tschalér.
Wissen Sie,
ich bin ja nicht gewohnt, so viel zu essen.
Einen Ausflug nach Spaligna möchte ich Ihnen empfehlen,
denn das Bündnerfleisch ist dort köstlich!
Wie das heute regnet!

Wenn es so weiter regnet, fahre ich morgen nach Zürich.
Halt!
Was steht dort auf dem Plakat geschrieben?
«Beefsteak Tartar à discrétion.»
Vielleicht wechselt das Wetter doch bald.
Sie hätten letzte Woche hier sein sollen,
da gab es einen traumhaften «Pot au feu Henry IV.»
Wie gesagt,
ich bin eigentlich kein großer Esser.
Sie müssen das frische Kompott versuchen
und danach etwas vom vorzüglichen «Vacherin Mont d'Or».
Aber wie gesagt...
Ich meine,
in den Ferien sollte man sich eine Ausnahme gestatten!

Im Park Hotel steht nun auch abends ein Buffet für die Gäste bereit. Es ist beladen mit einer leckeren Auswahl von kaltem Fleisch, Salaten, kalten Vorspeisen und verschiedenen süßen Nachspeisen. Punkto Essen kann man sich wirklich austoben!
Wir schreiben das Jahr 1966. Die Welt hat ihre West-Ost-Konflikte und die Schweiz ihren Jura-Konflikt. Sie hat auch ihre Studentenkrawalle und Pöbeleien, wenn auch nur der Kleinheit des Landes angemessene, aber wie Sie sehen, ist Helvetien à jour. Neuerdings dürfen sogar die Frauen in eidgenössischen Belangen mitbestimmen – das archaische Patriarchat ist im Schwinden. Das Kantons- und Gemeinde-Stimmrecht ist jedoch, mit wenigen Ausnahmen, vom starken dem schwachen Geschlecht noch nicht zugebilligt worden. Aber die Zeit arbeitet für die Schweizer Frau.
Natürlich hat Roman Bezzola wieder Umbaupläne entworfen. Nebst einigen nebenberuflichen Zusatzämtern, unter anderen die Präsidentschaft des Bündner Hoteliervereins und des Flimser Verkehrsvereins, ist er leidenschaftlicher Amateur-Architekt. So kommt der ausgediente Garagenbau zu neuen Ehren als Appartementhaus «Mira selva», aber diesmal sind es keine zusammengestückelten Wohnungen! Im Verwaltungsrat aber werden große Projekte gewälzt: vor dem Casino soll ein Schwimmbad entstehen. Denn erstens sucht man Wege, um die Wetterabhängigkeit zu überwinden,

und zweitens hat man keine großen Hoffnungen auf einen vernünftigen neuen Caumaseevertrag. Ein Schwimmbad würde bestimmt das Hotel sehr aufwerten, und so wird ein Architekt mit der Aufgabe betraut, ein kombiniertes Hallen- und Freibad auszuarbeiten. Vom Schwimmbad zum Wasser. Wie steht es damit? Das Dörfchen Laax formt sich zum Kurort; Ferienhäuser entstehen und brauchen Wasser. Nun haben die Laaxer wenig oberhalb der umstrittenen Quelle andere Quellen entdeckt, die nun gefaßt werden. Wer weiß, ob nicht der eine dem anderen das Wasser abgräbt? Wassermesser werden eingebaut und ständig kontrolliert. Die Quellen sprudeln ergiebig, und dennoch zeigt der Druckmesser oft bedenkliche Druckabfälle. Wie kommt denn das? Die alten Röhren! Hier ein Bruch, dort ein Leck – oh, Schreck! Die schlimme Ära der Leitungsbrüche beginnt. Arme Direktion, in Sachen Wasser hat sie immer noch nicht ausgelitten! Es gibt keine Pläne über dieses unterirdische Röhrensystem, im Areal der Gesellschaft kann man nur ahnen, suchen, graben und fast verzweifeln; kaum ist ein Bruch behoben, so meldet sich schon ein anderer, und wenn einmal kein Rohr vor Altersschwäche bricht, rückt ihm bestimmt im Zuge der Straßensanierung ein Trax zu Leibe.

Schon übertrifft die Wintersaison die Sommersaison um ein Prozent. Skipisten, breit wie Paradestraßen, werden mittels Raupenfahrzeugen hergerichtet, und aus der alten SAC-Hütte wird das neue Restaurant Nagiens. Im Park Hotel findet gegen Ende des Winters ein großer Kongreß mit Ausstellung statt. Das Casino verwandelt sich in die internationale «Funkermesse». Ausstellungsstände stehen reihum und zeigen das Neueste der Radio-Grammo-Fernseh-Branche. Beheizt wird das Ganze durch immense Bau-Heizungs-Aggregate – warmluftblasenden Riesenschlangen gleich.

1967 David schlägt Goliath im Sechs-Tage-Krieg. Erster Staatsakt im selbständigen Biafra ist ein Bruderkrieg; prunkvoller Staatsakt im Iran ist die Krönung des Schahs. Ein neuer Akt in der Medizin ist die gelungene Herzverpflanzung.

Das Park Hotel in Flims hat eine neue Kulisse. Natürlich ist das Schwimmbad mehr als eine Kulisse, jedoch die Ansicht des ehrwür-

digen Casinos hat sich geändert. Verschwunden der kaum mehr gebrauchte Tanzplatz, die schattenspendenden Kastanienbäume, die Kieswege, Blumenbeete und schnörkeligen Terrassengeländer. Vorbei die Teekonzerte. Neue Zeit im neuen Kleid – im neuesten Bademodell. Ob's regnet, ob's schneit, man schwimmt; schwimmen ist gesund, schwimmen ist Sport, Ausgleichssport und Ausgleich zum Essen. Dem Gast soll's gut tun und gut gehen. Das Wasser im Schwimmbad ist immer angenehm, die Fensterscheiben richten sich nach dem Wetter, die Schleuse nach der Saison. Am 8. Juni wird das Hallengartenbad eröffnet, von den Gästen mit Begeisterung begrüßt und seither als selbstverständliches Zubehör betrachtet.
Clara Bezzola ist gestorben, die ehrwürdige, im Geiste immer jung gebliebene Seniorin, geliebte Nona und Patriarchin der Familie. Stets an der Gegenwart interessiert, zeichnete sie noch an den Plänen des Schwimmbades. Doch das vollendete Werk sollte sie nicht mehr erleben dürfen. Wieder ein Abschied von einem mutigen, schöpferischen Geist des Unternehmens.
Flims bekommt einen neuen Gemeindepräsidenten, und die Gesellschaft erhofft sich die Lösung des Caumaseeproblems; es wird auch ein neuer Vertrag ausgearbeitet – wieder einmal! Flims baut die modernste Kehrichtverkleinerungsanlage und kündigt der Genossenschaft Caumaseelift die Konzession ...
Beim Curling-Club laufen die Dinge nach Wunsch. Nachdem die Finanzierung durch Clubmitglieder und Gönner (zu denen auch die Gesellschaft gehört) gesichert ist, wird die längst gewünschte Curlinghalle gebaut, im Baurecht auf dem Grund und Boden der Kurhotels und Seebad AG und natürlich zinsfrei. (Ist das so natürlich?)
In der Villa Silvana ist eine Feuerwarnanlage eingebaut worden – so ein Holzhaus – sicher ist sicher! Die Anlage arbeitet sehr zuverlässig: bringt prompt Aufregung, wenn sie in einem Angestelltenzimmer das beim Bügeln verbrannte Hemd mit lauter Sirene meldet. Seit die Engländer eine sozialistische Regierung haben, wird ihnen die Türe zu den Auslandsreisen mehr und mehr verriegelt, dazu schmilzt der Wert des englischen Pfundes. Obwohl sich Hugo Nußli mit viel Phantasie und Schläue für sie einsetzt, schrumpft die britische Gästezahl immer mehr. In der Schweiz fordern die Sozialisten

auch Gleichheit für alle, was bedeutet, daß der Arbeiter und Angestellte immer mehr Ferien, Freizeit und kürzere Arbeitszeit erhält, kurzum, es wird gefordert und gefordert – nur mehr Verantwortung wird nicht gefordert ... diese darf der Arbeitgeber in vollem Umfang tragen. Wie schwer er an dieser Bürde trägt, wollen viele nicht wissen. Wenn das zu spärliche Personal nach acht Stunden seine Arbeit niederlegt (es gibt Ausnahmen), dann hat der Boß meist erst einen Drittel oder die Hälfte seines Arbeitstages hinter sich; wie er dann mit der liegengebliebenen Arbeit fertig wird, kümmert wenige. Sie suchen die Frau Direktor? Sie ist im Casino. Dort putzt sie die Fenster zusammen mit der Frau Generaldirektor. Wissen Sie, die Spanierinnen sind eben noch nicht angekommen, sie hätten vor drei Tagen schon hier sein sollen. Warum, weiß ich auch nicht. Aber übermorgen beginnt ein Kongreß. (Nur so zum Beispiel.)

Es gibt Direktoren, die sich panisch fürchten, einen der raren Angestellten zu verlieren; sie lassen sich von jenen jede Frechheit bieten und geben jeder Forderung nach. Dummheit! Der gute Angestellte fühlt sich in dieser Atmosphäre auch nicht wohl und wechselt vielfach seine Stelle, trotz des Täfelchens im Gästezimmer mit der Aufschrift: «Bitte, sind Sie nett zum Personal!» Sind denn die Gäste fürs Personal da oder das Personal für die Gäste? Was für ein Blödsinn! Wenn auf dem Täfelchen stehen würde: «Seid nett zueinander!», so wäre dies vernünftig. Der Gast ist vielleicht ein Angestellter, der Ferien macht, und der Angestellte könnte wiederum der Kunde des Gastes sein. Denn das Personal der alten Zeit ist nicht gleich dem Personal der heutigen Zeit, Verschiedenes hat sich umgekehrt. Es kann sein, daß heute der Arbeitgeber ausgebeutet wird, es kann sein, daß der Angestellte das elegantere Auto fährt als sein Chef, es kann sein, daß der Angestellte eine teurere Skiausrüstung hat als der Gast ... Gleichheit, ein erhabenes Wort; Gerechtigkeit, eine anzustrebende Tugend. Deshalb wird in den Hotels der Gesellschaft ein bösartiger Gast aus dem Haus gewiesen (auch wenn kein Ersatz vorhanden ist), ebenso wie ein liederlicher Angestellter (auch wenn kein Ersatz vorhanden ist)!

Im nächsten Jahr wagen es die Tschechen, gegen das Sowjetregime aufzumucken, und schon trampelt der russische Bär mit gepanzerten Stiefeln durchs Land und füllt die sibirischen Arbeitslager mit fri-

schem Menschenmaterial. Die westliche Welt sieht tatenlos zu, schimpft in die Gazetten und fürchtet sich maßlos vor einer Intervention, die einen dritten Weltkrieg nach sich ziehen könnte. Könnte! Man ist uneins im Westen, furchtsam und verweichlicht und läßt sich vom Kommunismus in allen Tonarten beschimpfen, alles um des Friedens willen – der doch nur ein Pseudo-Frieden ist. Wieder gibt es Flüchtlinge in der Schweiz. Aber da es vor allem Intellektuelle sind, können sie kaum als Köche und Kellner eingesetzt werden. –
Dafür gibt es kein noch so verrücktes Projekt, das nicht seine Finanzierung findet. Mit wahrer Wollust investieren Banken, Industrie und Private in den Fremdenverkehr. Bald jedes Bergdorf will sein Sport-Center aufbauen, will Skilifte, Schwebebahnen, Appartement-Hotels und Ferienhäuser. Die Finanzpillen werden eifrig geschluckt, und bald wächst es und wächst und wächst, und in ein paar Jahren wächst es dem Gemeinderat über den Kopf! Der frühreife Nachbarkurort Laax gefällt sich in Superlativen, denn die «größte Bahn der Alpen» (120-Personen-Kabine) bringt die Skifahrermasse in Rekordzeit auf den Crap Sogn Gion. Gleichzeitig müssen die Skilifte der Masse angepaßt werden, und auch neue werden gebaut und Konzessionen werden eingeholt für den Crap Maseign und den Bündner Vorab. Sommerskifahren ist der neueste Hit, aber ein sehr umstrittener. Die Crap Sogn Gion AG kümmert sich um keine Vetos, sie baut und baut. Zwar in Flims baut man auch, nur bedächtiger. Die Gondelbahn nach Stargels ist diesen Winter in Betrieb genommen worden.
Auch die Kurhotels und Seebad AG baut (wie immer). Diesmal bekommt das Hotel Segnes ein Schlemmerlokal angebaut. Nachdem das tüchtige Ehepaar Klainguti das Restaurant «au Refuge» zum ortsbekannten kulinarischen Treffpunkt werden ließ, ist eine Erweiterung dieser Räumlichkeiten durchaus am Platz.
Eine weniger reizvolle Investition verlangt das schon wieder einmal lecke Casinodach. Die Reparatur kostet gleich viel wie die neue Hochleistungs-Abwaschmaschine, der neue Kochherd und das Mobiliar von fünf renovierten Zimmern, alles zusammen.
Der endlich zustande gekommene neue Caumaseevertrag wird der Gemeindeversammlung zur Abstimmung vorgelegt – und abgelehnt!

Der Gebäudekomplex des Parkhotels ist von einem großen Naturpark umgeben – ideale Ferienbasis.

Somit kann die Feilscherei um die Abfindungssumme wieder von vorne beginnen. Die Gesellschaft verlangt 1,4 Millionen Franken, die Gemeinde offeriert Null!

1969 Nordirland steigt in den religions-politischen Bruderkrieg; auf dem Mond steigen drei Amerikaner aus.

Die Kurhotels und Seebad AG steigt aus dem Caumaseegeschäft aus. Nach acht Jahren elenden Seilziehens sind die Verwaltungsräte der Zermürbungspolitik der Gemeinde erlegen und geben den See samt Insel und dem ganzen Drum und Dran an Flims zurück – für eine halbe Million Franken! Das Inventar wird vorläufig für 50 000 Franken an die Gemeinde vermietet. Der Gemeindevertreter scheidet aus dem Verwaltungsrat der Gesellschaft aus und das «Seebad» aus dem Namen der Gesellschaft. Eigentlich finden sich Direktion und Räte trotz schäbiger Abfindung recht entlastet. Denn, wie gesagt, ein Geschäft war der Caumasee nie, eher ein Idyll. Im Hinblick auf den Personalmangel, die Totalrenovation, den Gewässerschutz und die emporschnellenden Baukosten freut sich die Leitung der Gesellschaft ehrlich, einiger Sorgen verlustig zu sein. Also blaset die Fanfaren zur Wachtübergabe!
Ein Trauermarsch wird auch geblasen: Altpräsident Hans Fontana wird zu Grabe getragen. Über drei Jahrzehnte wirkte er im Verwaltungsrat, und mit ihm verliert die Gesellschaft den letzten treuen Ritter der alten Garde, ein Ritter ohne Furcht und Tadel.
Um das Jahrzehnt gebührend abzuschließen, muß gebaut werden: Halle und Eingang im Casino werden neu eingekleidet und die Bar dem neuen Lebensstil angepaßt. Sie wird zur Grill-Bar «Chadafö», was in Romanisch so viel wie Feuerhaus heißt und Küche bedeutet. Auf offenem Holzkohlenfeuer läßt der Gast das von ihm ausgewählte Fleisch, vielfach original-amerikanisches «Beef», grillieren, ißt dazu in Stanniol gebackene Kartoffeln mit vielerlei Buttersaucen, schlemmt in Salaten, pickt sich etwas aus dem Rumtopf. Wenn er mag, tanzt er zwischendurch oder läßt sich seine Lieblingsmelodien vom Pianisten vorspielen. Gleich hinter der Bar ist «'s Stübli», idealer Ort, um einen Jaß oder Skat bei einem guten Tropfen zu klopfen oder zur Abwechslung ein «Fondue» zu genehmigen.

Wie Sie bemerken, fühlt sich der Gast gerne frei. Er will tun und lassen, was ihm gefällt, hält nicht mehr viel von Konventionen und schätzt vor allem Ferien mit vielen Möglichkeiten. So kann der Gast des Park Hotels neuerdings einen sogenannten Lunch-Austauschbon anfordern. Möchte er über die Mittagsstunden Sonne und Sport in der Bergwelt genießen, bekommt er für diesen Bon in einem der vielen Bergrestaurants Essen und Trinken nach Wahl, oder möchte er in Ragaz Golf spielen, so kann er im Hotel Quellenhof sein Mittagessen einnehmen. Der kluge Hotelier macht sich dies zur besonderen Angelegenheit: Unterhaltung – Ruhe; Schlemmen – Linienbewußtsein; Eleganz – Ungezwungenheit; Sport – Bequemlichkeit. Vom Hotelier verlangt dies eine feine Witterung für sich anbahnende Veränderungen der Gewohnheiten, er muß jeden sich in noch so weiter Ferne abzeichnenden «Trend» erfassen; es ist ein Vorteil, dem Gast Neuigkeiten zu bieten, bevor sie allgemein geworden sind.

Der Umsatz der AG Kurhotels steigt jährlich um zehn Prozent. Die Reisebüros erhöhen ihre Kommissionen, und das Aufkommen der Kreditkarten dämpft Liquidität und Zinsertrag. Doch die Gesellschaft zahlt neun Prozent Dividende. Hätte man die ständigen Personalsorgen nicht, wären die Zustände paradiesisch. Oder etwa doch nicht? Wir sitzen alle im gleichen Boot, und das Boot ist zum Bersten voll, treibt in einer Kloake, und am Himmel ballt sich Gewölk . . . Ich glaube, das Paradies ist fern.

ZUKUNFTSFRAGEN

1970 De Gaulle und Nasser sind gestorben. Das Morden in Nigeria ist beendigt. Die Schweizer haben die Initiative gegen eine Überfremdung von Volk und Heimat knapp verworfen.

Ein wildes, neues Jahrzehnt hat begonnen; Flugzeug- und Diplomatenentführungen sind bald an der Tagesordnung. Es wird vermehrt versucht, mit Brutalität Politik zu betreiben, mit Kriminalität Begehren zu stillen und mittels Drogen künstliche Paradiese zu schaffen. Dazu bereitet uns die Umwelt Sorgen, nachdem wir ihr Sorgen bereitet haben. Giftige Abgase verpesten die Luft, und das Sauerstoff regenerierende Grün wird täglich vermindert. Giftige Abwässer verunreinigen unser köstliches Naß und lassen Meerfische zu Krankheit bringenden Nahrungsmitteln werden. Berge von Abfall türmen sich, und eine Industrie sorgt eifrig für Wegwerfutensilien und sinnlose Verpackungen. Schöne Welt, so gehst du vor die Hunde! Der verrückte Kreislauf muß gebremst werden; weniger produzieren, weniger konsumieren! Opfer müssen gebracht werden! Aber wer bringt schon Opfer? – In der Schweiz glaubt eine gewisse Partei dem Übel beizukommen, wenn der größte Teil der Fremdarbeiter das Land verließe. Aber dies würde wohl heißen: die Fettsucht mit der Ruhr kurieren. Nun, die Stimmbürger haben es nicht dazu kommen lassen; dafür erläßt der Bundesrat Dämpfungsmaßnahmen, die kaum dämpfen, und die kantonalen Fremdarbeiterrestriktionen bringen vor allem die Wirte und Hoteliers an den Rand eines Nervenzusammenbruchs. Fortschrittliche Betriebe, wie auch die AG Kurhotels in Waldhaus-Flims, schafften sich schon seit Jahren mehr und mehr Maschinen an, um die Zahl der Fremdarbeiter niedrig zu halten (so viele, wie man braucht, findet man doch nicht, also braucht man so wenige als möglich). Wertvolle ausländische Arbeitskräfte aber werden in Jahresstellung genommen, um sich einen Stock treuer Mitarbeiter zu sichern. So weit, so gut, aber jetzt tritt ein neues Gesetz in Kraft: kein Betrieb darf mehr Ausländer einstellen

als momentan in Anstellung sind. Das heißt, wenn zum Beispiel von zehn Köchen fünf Schweizer sind und diese kündigen (weil sie der liebe Kollege mit höheren Löhnen abwirbt), dann dürfen wohl wieder fünf Köche angestellt werden, aber eben nur Schweizer (die sehr schwer zu finden sind). Dazu kommt, daß alle jene Ausländer, die mindestens vier Jahre im selben Betrieb jährlich angestellt sind, von nun an gleich wie Schweizer taxiert werden, das heißt, wenn der französische Küchenchef oder der italienische Kellermeister ins Ausland zurückkehrt, können sie wiederum nur durch einen Schweizer ersetzt werden. Somit ist dafür gesorgt, daß der Brave am meisten Prügel erhält!
Die Direktion des Hotels Bellavista, Bertha Huber, tritt in den Ruhestand. Die Verwaltungsräte der Gesellschaft überlegen sich, ob dieses Hotel zum Personalhaus des Park Hotels gemacht werden soll, denn erstens werden wieder einmal große Pläne ausgeheckt und zweitens sinkt die Rendite mit zunehmendem Autoverkehr. Was einst zum Vorteil dieses Hotels gereichte, ist heute sein Verhängnis: die Lage an der Hauptstraße. Die großen Pläne betreffen das Park Hotel, denn die stete Nachfrage für Luxuszimmer bringt die Gedanken auf ein neues Hotelkonzept. Soll das Casino aufgestockt werden? Soll ein selbständiges Luxushotel daraus werden? Ein eifriges Diskutieren, Erwägen, Berechnen beginnt. Sicher ist jedoch, daß das Casino zu vermehrtem Einsatz gelangen soll, und deshalb müssen in erster Linie die Wandelgänge wetterfest gemacht werden. Ob hochgestelzt, eingeglast oder unterirdisch, ist nicht allein eine Frage der Ästhetik, sondern auch der Finanzen. Unterdessen kommt das Hotel Segnes zu einer neuen Küche und zu einem neuen Vis-à-vis in Form eines kleinen Ladengebäudes, und die Gesellschaft hat somit ein Dach mehr zu betreuen.
Man kann jetzt, so man darf, jugoslawische Fremdarbeiter einstellen. Man freut sich über die Bezugsquelle hilfreicher Hände; daß diese Hände alsdann das Richtige tun, hängt von der anschaulichen Befehlsausgabe ab und deren Interpretation. Genügen für Spanisch Wörterbuch und Italienischkenntnisse, so stellt sich bei den Jugoslawen die Frage, ob Slowenisch, Kroatisch oder Serbisch am Platze ist. – Himmel, es ist wirklich eine fremde Fremdsprache! Maya Nußli erteilt ihre Direktiven mittels eines selbst ausgeklügelten

Sprach-Notizbüchleins und in perfekter Pantomime, damit dort geputzt wird, wo geputzt werden muß, mit Wasser oder mit Besen, mit Staubsauger oder mit Lumpen. Das Lachen über eine solche Befehlsausgabe wird Ihnen in jenem Moment vergehen, wo Sie sie selbst durchführen müssen!
Der Bundesrat bemüht sich, dem Ausverkauf der Heimat Barrikaden entgegen zu stellen, und der Flimser Verkehrsverein hat nun einen Weg gefunden, fremdenverkehrswichtige Bodenparzellen für den Kurort zu retten. Nachdem die Flimser im letzten Jahr endlich einen Zonenplan genehmigt hatten, konnte die Stiftung «Pro Flims» gegründet werden. Jährlich werden von den Hoteliers, Kurverein, Bergbahnen, Gemeinde und Gewerbe an die 350 000 Franken einbezahlt, um damit überbauungsgefährdete Parzellen käuflich zu erwerben.
In Flims steht das blitzneue Baudet-Hotel (welches heute den Namen Albana trägt) und im Nagiensgebiet der Crunas-Lift. Er steht schon seit einigen Monaten und hat bis jetzt auf die Inbetriebnahme gewartet. Seine Muttergesellschaft, die Bergbahnen Flims, hat ihrerseits auf die Beendigung der vielen bösartigen und doch so nutzlosen Prozesse, welche die Laaxer diesem Skiliftchen aufluden, um es am Betrieb zu hindern, gewartet. Nun hat der Gerichtshof einen endgültigen Strich unter dieses unerfreuliche Kapitel gemacht; der Skilift fährt, wieviel die Laaxer zahlen müssen, steht noch aus!
Im Stennatobel, unter der großen Brücke, steht das neue Parkhaus bereit, somit ist das Parkplatzproblem gelöst, aber die Automobilisten parkieren ihre blitzenden Karossen immer noch am liebsten am Straßenrand!
Im Zuge des Umweltschutzes werden vielerorts Kläranlagen gebaut. Auch in Flims ist eine solche geplant, und die Arbeiten an der dazugehörigen Kanalisation sind im Gange. Ebenso im Gange sind die dazugehörigen Anzahlungen der Steuerzahler – die AG Kurhotels berappte fast eine Million, vorläufig! Die Genossenschaft Caumaseelift würde sich über eine angemessene Berappung ihres Liftes seitens der Gemeinde auch sehr freuen . . ., weil aber der Begriff «angemessen» nach Gutdünken gewandelt werden kann, wird jetzt ein Schiedsgericht einberufen. Nun wird wieder einmal gewartet.
Im nächsten Jahr funktionieren wieder zwei neue Skilifte, diesmal

auf der Narauserseite und ohne Mißgunstprozessiererei. Das Hotel Bellavista aber hat gar nicht gut funktioniert. Man läßt es nun, in Anbetracht der noch ungeborenen Pläne für ein neues Park Hotel-Konzept, vorerst zu einem Garni-Hotel schrumpfen, und das Chalet wird ausschließlich für Personal gebraucht. Das Konto «Hotel Bellavista» wird aus der Gesellschaftsbuchhaltung gestrichen, und die nunmehr bescheidenen Einkünfte erscheinen im Konto «Mieteinnahmen».

Der Glanz des Hotels Bellavista erlischt, aber die alte Pracht des Casinos beginnt erneut zu leuchten. Der Jugendstil-Speisesaal erfreut sich frischer Jugendlichkeit im alten Stil. Er ist nun genügend antiquiert, um frisch herausgeputzt zur Sehenswürdigkeit zu werden. Die allegorischen Damen erstrahlen in aufgefrischtem Make-up im Lichte eines neuen Lampenhimmels. Wer dächte, daß hinter kunstvollen Stukkaturen modernste Übermittlungstechnik verborgen ist, daß eine perfekte Simultan-Anlage den Kosmopoliten mitten in den Jugendstil bringt! Nun sollen sie herbeiströmen, die internationalen Kongreßteilnehmer!

1972 Nixon besucht Mao in Peking, und China wird zur dritten Weltmacht erhoben. Maurice Chevalier wird zu Grabe getragen.

Die internationale Wirrnis geht weiter; in England kumulieren sich die Streiks, in Chile steigert sich die Krise, in Uganda werden die Asiaten des Landes verwiesen, in Burundi werden Abertausende ermordet, in Nah- und Fernost platzen Bomben, und der Terror schlägt weltweit seine Krallen ins Leben und macht selbst vor der friedlichen Koexistenz im olympischen Dorf zu München keinen Halt. So wie die Menschheit wächst und wächst, verkümmert die Menschlichkeit... Vermassung ist eines der düsteren Zukunftsprobleme, die auch den Fremdenverkehr angehen. Eine klare Entscheidung sollte jetzt getroffen werden: Anpassung oder Widerstand. Anpassung an den Massentourismus oder Eintreten für den Individualtourismus. Um Klarheit zu gewinnen, führen Flims und Laax eine Gästebefragung durch. Es zeigt sich nun, daß im allgemeinen kein weiterer Ausbau gewünscht wird, im Gegenteil. Der Gast verlangt Ruhe und Erholung in ungestörter Natur nebst vielfältigen,

gut gepflegten Sportmöglichkeiten – kurzum, er wünscht ein Ideal.
Um dieses Ideal zu realisieren, braucht es ein Konzept mit eisernen
Richtlinien, und diese Richtlinien müssen respektiert werden. Wenn
nun Laax, das heißt die Bergbahnen Crap Sogn Gion, «à tout casser» das unberührte Gebiet vom Vorab erschließen will, so ist dies
um so betrüblicher, als der Hauptinitiant ein Flimser ist!
Nachdem sich immer mehr idyllische Bergorte des Bündner Oberlandes zu Sport- und Erholungszentren wandeln, rattert ein zunehmender Verkehrsstrom durch Flims. Wie wird sich die Gemeinde
wehren, wie schützen? Was einst ein Segen war, ist heute ein Fluch.
Um dem Verkehrslärm beizukommen, werden im Hotel Segnes Versuche mit schalldichten Fenstern gemacht, während sich die Direktion des Park Hotels vielfach vergeblich bemüht, Herr über die
Autoplage zu werden. Privatstraße, Privatareal – Freistatt für willkürliches Autoparkieren! Hier darf man Weg und Steg verstellen,
auf Rasen parkieren, in Kurven oder vor Parkverboten, hier braucht
man sich vor Bußenzetteln nicht zu fürchten! Selbst wenn jemand
einen Zettel an der Windschutzscheibe kleben hat, worauf geschrieben steht: «Parkieren Sie zuhause auch immer auf Ihrem Rasen?»
Was kümmert's ihn! Motorengeräusch und schmetternde Türen stören den Autobenützer nur dann, wenn er nicht selbst im Wagen
sitzt ... Eine automatische Barriere wird in Zukunft die Zufahrt zur
Villa Belmont vor dem Kurhaus abriegeln. Aber im allgemeinen
schlafen die Gäste des Park Hotels in herrlicher Ruhe. Dennoch hat
sich ein Herr beklagt, daß ihn allmorgendlich um Fünf der Gesang
eines Vogels des Schlafes beraubt! Unerhört, solch ein Vogel hat zu
verschwinden! Jedoch, die Vögel singen weiterhin im Park, und ein
Gast verließ das Hotel – noch singen die Vögel, Gott sei Dank! Und
weil den Tieren das Leben in unserer Welt nicht mehr leicht gemacht wird, streicht jetzt die Direktion die Schildkrötensuppe, die
Schnecken und die Froschschenkel aus der Speisekarte. Das Auftreten von Pelzmodeschauen wird zum voraus vom Sortiment abhängig gemacht; Felle von bedrohten Tierarten dürfen nicht gezeigt
werden!
Um dem Gast das Wandeln von Haus zu Haus zu erleichtern, ihn
vermehrt vor Wind und Wetter zu behüten, sind unter den gedeckten Galerien die unterirdischen Gänge geschaffen worden. Es sind

keine düsteren Tunnels, behüte nein! Die Gäste schreiten munter zwischen Wäldern und Gebirgen, in wohl beheizter und gut durchlüfteter künstlicher Tageshelle. Ein wahrer Spaß – ein teurer zwar für die Gesellschaft! Doch, was tut sie nicht alles für die Gäste, deren Erscheinen ihr tägliches Brot ist. Viele Zimmer werden mit einem Kühlschrank ausstaffiert, welcher eine Auswahl von Getränken bereit hält, um auf diese Weise auch ohne Servicepersonal einen Service zu bieten. Auch das reichhaltige Frühstücksbuffet soll den Gast erfreuen und ihn zugleich durch das Gratis-Zusatzangebot verlocken, sein Morgenessen im Speisesaal einzunehmen, um damit den umständlichen Zimmerservice zu entlasten. Wenn es Leute gibt, die sich den «Café complet» aufs Zimmer bringen lassen, sich alsdann aber in den Speisesaal begeben, um dort Gratis-Orangensaft abzuholen und damit wieder in ihre Klause steigen, dann kann man amüsiert den Kopf schütteln; wenn es Leute gibt, die aus dem Kühlschrank einen Kirsch genehmigen, dann aber das Fläschchen mit Wasser füllen, es kunstgerecht verschließen und wieder zum Sortiment stellen, dann ist es Bosheit!
Um den vielfach geplagten Eltern (wo findet man noch Kindermädchen und Haushalthilfen?) zu wohlverdienter Entspannung oder unbeschwertem Sport zu verhelfen, steht den Gästen von nun an ein hoteleigener Kindergarten samt Hostess gratis zur Verfügung.
In Ilanz ist eine Großwäscherei errichtet worden, und die AG Kurhotels hat sich daran maßgeblich beteiligt. Nicht nur ein Wasch- und Glätteservice kann benützt werden, sondern es steht, ganz im Zuge der Zeit, auch ein Leasing-Service bereit. Die Zentralwäscherei im Park Hotel kann nun allmählich abgebaut werden, denn erstens sind die Maschinen veraltet und zweitens findet man sowieso bald kein Personal mehr dafür.
Apropos Personal, momentan verzeichnet man im Park Hotel 60 Spanier, 40 Italiener, 29 Schweizer, 19 Jugoslawen, 13 Franzosen, 11 Deutsche, 9 Österreicher, 7 Engländer, 2 Australier, 1 Holländer und 1 Türke.
Diesen Winter findet in Flims der erste Para-Ski-Weltcup statt. Leider hat sich der letzte und der heurige Winter mit dem Frühling identifiziert und kümmert sich kaum um Sportler und Sportabhängige. Somit nimmt das «Ski» beim Para-Ski kleinen Raum ein, aber

Die Ferienagglomeration des Kurortes Flims mit der 1959 gebauten Verbindungsbrücke über das Flemtobel zwischen Waldhaus und Dorf. Im Hintergrund Piz Mundaun.

Um 1935: Eifrig besuchter Thé-dansant im Park.

Der zweite Flimser Golfplatz (neun Löcher) hatte auch keine lange Lebensdauer (1936–1941).

Eduard Bezzola fährt vor – bald fährt das ganze Volk Ski.

1930 gründete Josef Dahinden in Flims die erste Skischule der Schweiz.

Und das «Après-Ski» läßt auch nicht lange auf sich warten. Am Skischulabend (um 1954) zeigen sich die Skilehrer einmal anders.

Erstes Skifahrer-Transportmittel: der Traktorschlitten 1938.

1945/48: Bau der modernsten Sesselbahn Europas.

Das verjüngte Casino nach eingreifender «Operation» 1976 und der Speisesaalanbau am Kurhaus von 1963.

Das winterliche Familienhotel Belmont – so wandeln sich die Villen.

die bunten Fallschirme leuchten am blauen Firmament und schweben zur leider so störenden Musik von Helikoptermotoren langsam der Erde zu. Die Skifahrer müssen ihr Pensum in einer Höhe über 2000 Metern absolvieren, und die Skilangläufer ertüchtigen sich im Hochtal von Bargis, wohin sie von einem Pendelbus gebracht werden.

Auf,
treibt Sport!
Fit-sein
ist ein Müssen,
aber mit den richtigen Schuhen
an den Füßen.
Sport ist Mode,
Mode ist Sport,
man findet die richtige Ausrüstung
am Ort.
Haben Sie die richtige Kappe,
die typischen Langlaufsocken,
zum Wandern Wanderhosen,
den letzten Schrei in Sachen Skis
und gelbe Bälle zum Tennis?
Richtiges Wachs und richtige Brillen,
um Gottes Willen,
sonst klappt ja nichts!
Halten Sie sich fit,
halten Sie Schritt!
Ausrüstung ist Sport,
und Sport ist Geschäft,
darum floriert das Sportgeschäft. –
Und macht man den Rummel nicht mit,
ist man ganz einfach nicht fit!

1973 Einerseits Waffenstillstand in Vietnam, anderseits Jom-Kippur-Krieg im Nahen Osten. In Chile und Griechenland wird die Regierung gestürzt, in den USA stürzt der Dollar. In Argentinien wird wieder Perón gewählt, in der Schweiz drei neue Bundesräte.

Ferien in der Schweiz werden immer teurer, nicht nur wegen der Abwertung des US-Dollars und dem weltweiten Floating, sondern auch wegen der Aufwertung des Schweizer Frankens. Als kleiner Trost ist der Wert der D-Mark auch gestiegen. Einige Kurorte hat das Ausbleiben der amerikanischen Touristen schmerzlich getroffen, andere, auch Flims, haben kaum oder gar nicht darunter gelitten; dafür sorgt der Kanton Graubünden, daß das Gastgewerbe unter maßloser Teuerung der Gebühren leidet. Wurde für die Arbeitsbewilligung eines Ausländers vor zwei Jahren rund 17 Franken verlangt, so kostet diese jetzt 30 Franken und steigt innert zwei Monaten sogar auf 40 Franken, und die Kosten für die Einreisebewilligung haben sich von 10 auf 17 Franken erhöht. Und da gibt es Leute, die sich ob der einmaligen Teuerungsanpassung von 9 Prozent im Gastgewerbe erbosen...

Der Slogan «Aktive Ferien» prägt immer stärker Kurort und Hotels. Der Verkehrsverein aktiviert die Gäste mit Vita Parcours, Orientierungsläufen, Hobbykursen und Exkursionen aller Art. Die Familien Bezzola und Nußli machen sich selbst auf die Wandersokken, um eine Serie von Rundwanderungen auszukundschaften. Danach kann das Programm «Wanderferien im Park Hotel» anlaufen. Ein versierter Führer und ein VW-Bus für die jeweiligen Zubringer- und Abholdienste stehen auch schon bereit. Im Winter wird dieser Wanderbus dann zum Bergbahn-Pendelbus für Hotelgäste, natürlich gratis, denn man kann seine erstklassigen Gäste doch nicht in so schweren Skischuhklötzen zu Fuß gehen lassen!

Auch Tennisferien sind sehr beliebt und werden meist von ganzen Clubs durchgeführt. Während die Minigolf-Rinks vom Gras überwuchert werden, hat man vielfach zu wenig Tennisplätze zur Verfügung, obwohl schon zwei neue «Courts» gebaut worden sind und die Curlinghalle sommerliche Tennishalle geworden ist. Zwecks Fitness wird neben dem Hallenbad eine kleine Sauna eingerichtet, und im Schwimmbad selbst sorgt eine Wasserstrahldüse für Massage, daneben eine computergesteuerte Bräunungsanlage (1970 erbaut als sensationeller Erstling dieser Art!) für die so sehr begehrte sportliche Bräunung. Während die Kleidermode der dreißiger Jahre in leichter Abänderung wieder auf den Markt kommt, turnen auf der Halbinsel die Fitness-Bewußten unter kundiger Anleitung – wie damals! Die Bemühungen, im Park Hotel ein Fitness-Programm durchzuführen, sind an der Bequemlichkeit der Gäste gescheitert – es wurde eine Möglichkeit geschaffen, die der Gast mit Interesse begrüßt, um sie dann doch nicht zu benützen! Nach heißen Diskussionen haben die Verwaltungsräte der Gesellschaft das Konzept für die Zukunft des Park Hotels gefaßt. Aus dem Casino soll kein separates Hotel werden, noch wird es aufgestockt, denn nach ausführlichen Studien ist beschlossen worden, das Pavillon-System beizubehalten. Aber das Casino soll in Zukunft auch im Winter seine Rolle als Gesellschaftshaus spielen und während Vor- und Nachsaison als Kongreßhaus dienen. Eine Totalrevision der Küchengefilde steht bereits auf dem Plan, ebenfalls der Umbau der beiden Speiserestaurants. Ist dann die Neuausrüstung dieses Hauses beendigt, soll die Villa Silvana kurzerhand abgerissen und mit modernsten Luxuszimmern neu gebaut werden. Ein langjähriges Erneuerungsprogramm wird eingeleitet, damit ein einmaliges Ferienparadies weiterhin paradiesisch bleibt.

Der Herbst ist gekommen und mit ihm der Waffenstillstand zwischen Israel und Ägypten. Mit der Drosselung der Erdöllieferungen an den Westen möchten die arabischen Länder die bedingungslose Rückerstattung des von Israel besetzten Gebietes erzwingen. Die allgemeine Energieverknappung verhilft auch der Schweiz zu autofreien Sonntagen. Zwar sind es nur deren drei, denn danach beginnt bereits die hohe Zeit des Wintersports, und da die Erdölreserven der Schweiz beruhigend sind, muß sich die Fremden- und Wintersportindustrie noch nicht allzusehr beunruhigen. Vorläufig. Energiesparen wird groß geschrieben; weniger heizen, weniger autofahren. Und wenn man bedenkt, daß das Hallenschwimmbad vom Park Hotel ebensoviel Energie verbraucht wie ein Hotel von 120 Betten, inklusive Heizung und Warmwasser, sollte dann nicht... Was noch nicht ist, kann werden!

Die Wintersaison der Kurhotels beginnt heuer schon am 1. Dezember. Ein Skilehrerkurs macht den Anfang, ihm folgen zwei Gäste-Skiwochen. Kurz darauf brennt eines Nachts die Bergstation samt Restaurant der Sesselbahn Naraus total ab. Damit nicht genug, setzt sich der Rote Hahn mitten im Festtagsrummel, aber ebenfalls in der Nacht, auf die Skiliftstation Grisch im Sialagebiet. Für Sensation und dunkle Gerüchte ist somit gesorgt. Auch für die Blockierung zweier Transportmittel, was ganz im Sinne der Energiesparmaßnahmen ist...

1974 Der US-Dollar stürzt weiter, aber anderes stürzt auch! Es stürzt der letzte autoritäre Monarch Haile Selassie von Äthiopien; es stürzt der politisch rechts stehende Diktator Portugals; es stürzt US-Präsident Nixon in den Watergate-Sumpf; es stürzt sich die Türkei auf Zypern in einen Kurzkrieg, und die Schweizer Ertragsbilanz stürzt ins Defizit.

Die Schweizer Bürger haben in der zweiten Abstimmung den Abbau der Fremdarbeiter diesmal deutlich abgelehnt, damit fiel der Fremden- und übrigen Industrie ein Stein vom Herzen, und das Ansehen der Schweizer darf nun nicht in den selben Topf wie jenes eines gewissen Idi Amin geworfen werden. Auch ahnt man, daß das Übel der Eidgenössischen Blähungen im Abklingen begriffen ist – man hört von Betriebsschließungen – allenthalben platzt ein vom «Kreditgas extra leicht» aufgeblasenes Gebilde! «Dies ist nur der Anfang», unken die Pessimisten, und zum Optimismus hat man wirklich keinen Grund. Das Volk verweigert dem Bundesrat neue Steuererhöhungen, mit welchen er sein Milliardenloch stopfen wollte, und es verlangt eine Ausgabenbremse. Folglich wird im Schweizerland von oben nach unten gebremst werden. Der letztjährige Bundesbeschluß über die Kreditbeschränkung macht sich dieses Jahr auch bemerkbar und wird zu einem Stein, über welchen nicht nur das Baugewerbe stolpert.

Die Räte der AG Kurhotels in Flims berechnen erbleichend die Zinsenlast des Kapitalbedarfs, die der geplante Umbau der Küchengefilde und Restaurants im Casino mit sich bringen würde. Der erste Voranschlag beläuft sich auf vier bis fünf Millionen Franken. So voll sind die eigenen Taschen dann doch nicht! Wieder einmal wird es für die Gesellschaft schwierig sein, für ein umwälzendes Bauvorhaben Kredit zu bekommen, weil sie die Eigenheit besitzt, dann zu bauen, wenn andere es nicht tun, um dann gerüstet zu sein, wenn es andere nicht sind. Für den Kredit bezahlt man heute acht Prozent! Also Kapitalerhöhung? Es wird nicht genügen. Vorerst beschließen Räte und Direktion die Baukosten zu senken und beginnen mit einer neuen Planung. Umdenken ist ja die «Spezialität des Hauses».

Seit diesem Jahr belohnt die AG Kurhotels ihre wiederkehrenden Angestellten mit einer Treueprämie, die sich jeweilen mit der Anzahl der geleisteten Saisons erhöht. Andererseits wurde ebenfalls heuer der Schweizer Hotellerie eine Bürde mehr aufgeladen: der Gesamtarbeitsvertrag für das Personal. Die Gewerkschaft hat auf fünfeinhalb Tage verteilt die 44-Stunden-Woche inklusive Präsenzzeit ausbedungen und dazu den Bruttolohn. Was dies an Verteuerung infolge vermehrter Personaleinstellung, teurer Überstundenbezahlung und administrativen Komplikationen mit sich bringt, läßt das Betriebsergebnis der Unternehmungen ständig schrumpfen – die Herren Gewerkschaftssekretäre begründen ihre Daseinsberechtigung wieder einmal mit einer Theorie, die der Praxis ein Bein stellt! Aber vielleicht haben sie diesmal die Rechnung ohne den Wirt gemacht, denn die Logiernachtziffer des Schweizer Fremdenverkehrs ist im Sinken begriffen. Man hört von Entlassungen aus der Industrie, und man findet wieder leichter Angestellte, und man sucht wieder Gäste . . .

Nun muß die Gemeinde Flims, nach erfolgtem Urteil des Schiedsgerichtes, 220 000 Franken für den Caumaseelift bezahlen, und wenn sie bezahlt sind, ist ein zweiter Zermürbungskrieg zu Ende! Ein ehrwürdiges Familienunternehmen in Waldhaus Flims hat auch sein Ende gefunden: die Kolonialwarenhandlung Casty im Haus Waldeck. Als eines der ersten «Kurortslädeli» schloß es als letztes der alten Garde seine Tür, obwohl es sich an unsere moderne Zeit recht gut angepaßt hatte und von der schwellenden Chalet- und Ferienwohnungsflut, die sich sinnigerweise Parahotellerie nennt, profitierte. In den Appartementblocks dieser Parahotellerie haben sich neue Läden angesiedelt, während sich die alteingesessenen Geschäfte Marktlücken zunutze machten und ihr Angebot erweiterten. So finden Sie zum Beispiel in der neuen Milchhalle neben Käse auch Spielsachen, Taschenbücher und Salatköpfe und in der Drogerie neben Nagellack und Bodenwichse Tabak und Zeitungen. Es entstehen lauter Mini-Supermarkets – jedoch, wo bleibt da der Charme eines Bergkurortes?

1975 In Vietnam explodieren endlich keine Bomben mehr, der Suezkanal ist endlich wieder befahrbar, Generalissimo Franco konnte endlich sterben.

Das erste Jahr der Generaldirektion Nußli beginnt, die ersten hundert Jahre der AG Kurhotels sind um. Somit könnte die Gesellschaft ein großes Jubelfest ansagen, aber sie tut es nicht. Erstens möchte sie dieses bedeutende Fest im neuen Gewand begehen, und zweitens wird das «Kurhaus» im Jahre 1977 seine hundertste Eröffnung feiern. Also werden Gesellschaft, Hotel und auch der Kurort, der durch die ersten zwei ja begründet wurde, in zwei Jahren zusammen jubilieren.

Ein schneereicher, prächtiger Winter bringt den Bahnen Höchstfrequenzen. Jedoch die um sich greifende Rezession macht sich in der Hotellerie bemerkbar: das gefürchtete «Januarloch» schleicht wieder heran, und Symposien und Kongresse werden abgesagt. Das Konto Gehälter droht die Waage aus dem Gleichgewicht zu bringen. Für die Sommersaison wappnet man sich und kürzt die Anzahl der Angestellten so gut es geht – denn man muß damit rechnen, noch mehr rechnen zu müssen! Weltbekannte Firmen schalten auf Kurzarbeit um, und die Zahl der Arbeitslosen nimmt ständig zu. Wie lange wird die «Talfahrt» noch dauern?

Aber die Sommersaison ist besser über die Bühne gegangen als man befürchtet hat, dafür ist die Leihwäscherei Ilanz ernstlich an Produktionsschwäche erkrankt und muß nun von ihrem Hauptaktionär mit einer köstlichen Geldinjektion kuriert werden. Ausgerechnet jetzt, wo diese Spritze dem Casinoprojekt so gut getan hätte!

Nachdem nun die Umbauideen der Direktion unter Mitwirkung ihres Führungsstabes (Küchenchef, Oberkellner etc.) vom Architektenteam bereinigt und zu Plan gebracht sowie vom Verwaltungsrat genehmigt wurden, konnten im September die Baumaschinen auffahren. Emsig werden die herrlichen Herbsttage genutzt, und schon bald sieht die Nordfassade des Casinos um siebzig Jahre verjüngt in die Landschaft. Und nun geht's an das Innere des Gebäudes – was so eine Küchenverschiebung mit allem Drum und Dran an Technologie mit sich bringt, ist verwirrend, im Rohzustand jedenfalls! Auch die Restaurants entstehen in neuer Vielfaltigkeit, und als Pioniertat

(wie könnte es anders sein!) wird eine Wärmepumpe installiert. Und ich flüstere: sogar mit dem Problem «Sonnenkollektor» haben sie sich befaßt..., aber der Bau ist der momentan angewandten Wissenschaft etwas voraus – und das Wetter vielleicht etwas hintennach. Bestimmt aber macht es sich bezahlt, das Energieproblem eingehend zu überdenken, auch wenn zum Ergötzen der Westmächte die arabischen Ölscheiche von arabischen Piraten entführt wurden!
Wesentlich ist, daß der Bau gut voranschreitet. Ja, und daß die Finanzierung geregelt ist! Die Kapitalerhöhung wurde beschlossen und ist im Spätherbst voll einbezahlt; um 1,25 Millionen Franken ist nun das Aktienkapital erhöht. Auch die Banken haben Verständnis gezeigt und geben den nötigen Kredit mit hinuntergeschraubtem Zinsfuß. Aus eigener Kraft steht auch fast eine Million zur Verfügung. Nun kann man nur hoffen, daß die Rezession den Verdienst nicht wegfrißt.
Die Gemeinde Flims hat den Kampf gegen verunreinigtes Wasser angesagt und ihre ARA (Abwasserreinigungsanstalt) in Betrieb genommen, nun darf sie stolz und reinen Gewissens sein.
Jetzt ist die letzte Wintersaison des alten Jahrhunderts vehement angelaufen – alles drängt sich in den Wintersport, um die vielerorts konjunkturbedingten «Zwangsferien» um Weihnacht und Neujahr trotz allem zu genießen. Als kleine Neuerung gibt es im Parkhotel ein abendliches Kinderbuffet, wo sich die Kleinen, ohne erst hungrig auf Bedienung warten zu müssen, ihr Nachtmahl selbst zusammenstellen können. Den Ruf, eines der kinderfreundlichsten Hotels zu sein, wird dies bestimmt noch festigen.
Die nächste Wintersaison des neuen Jahrhunderts wird in neuem Glanz und neuer Konzeption beginnen. Erstmals in der Geschichte der Gesellschaft wird das «Pavillon-Hotel der Urform» Winter und Sommer im gleichen Stil eröffnet. Hundert Jahre lang hat sich dieses Unternehmen stets gewandelt, sich der Zeit angepaßt, sich erneuert. Wie die eleganten Deltaflieger über den verschneiten Abhängen der Flimser Bergwelt, so schwebt es im Winde der Zeit, die günstigen Aufwinde nützend, hinterhältige Böen ausmanövrierend und plötzliche Stürme fürchtend.
Roman und Alice Bezzola überlassen das Steuer des Betriebes nun

ihrem Schwiegersohn Hugo Nußli und ihrer Tochter Maya Nußli, welche nun die Generaldirektion übernommen haben. Trotzdem wird der Senior noch als Zwischenglied von Legislative und Exekutive amtieren; eines mutigen Verwaltungsrates, der weder das Abwägen noch das Kämpfen verlernt hat, einerseits, und einer einfallsreichen Direktion, die weder das Selber-Hand-Anlegen noch das Rechnen verlernt hat, anderseits. So führt ein bewährtes Team diese hundertjährige Gesellschaft in eine ungewisse Zukunft. Bescheren uns die Gespenster «Arbeitslosigkeit und Krise» einen vorübergehenden Alptraum oder längeres Elend? Kaufen sich die arabischen Ölscheichs Europa oder eine Atombombe oder beides? Wird Dürre und Überschwemmung noch mehr Hungersnot ausbreiten, wird die Menschheit an Sauerstoffmangel und vergiftetem Wasser erkranken, an Kriegen zugrundegehen oder alles miteinander? Oder werden die Menschen doch noch vernünftig, und unsere Welt bleibt eine schöne Welt? Dann bleibt Flims ein idealer Kurort, und die Gesellschaft der Kurhotels wird sich gewiß weiterhin für ein Ferienparadies einsetzen.